金融市场宏微观操盘法

景生辉 著

地震出版社

图书在版编目（CIP）数据

金融市场宏微观操盘法/景生辉著.—北京：地震出版社，2012.5
ISBN 978-7-5028-3981-9

Ⅰ.①金… Ⅱ.①景… Ⅲ.①金融市场—研究 Ⅳ.①F830.9

中国版本图书馆 CIP 数据核字（2011）第 277839 号

地震版　XM2532

金融市场宏微观操盘法

景生辉　著
责任编辑：朱　叶
责任校对：孔景宽

出版发行：**地震出版社**
北京民族学院南路9号　　　　　　　邮编：100081
发行部：68423031　68467993　　　传真：88421706
门市部：68467991　　　　　　　　传真：68467991
总编室：68462709　68423029　　　传真：68455221
证券图书事业部：68426052　68470332
http://www.dzpress.com.cn
E-mail：zqbj68426052@163.com

经销：全国各地新华书店
印刷：廊坊市华北石油华星印务有限公司

版（印）次：2012年5月第一版　2012年5月第一次印刷
开本：787×1092　1/16
字数：202千字
印张：9.75
书号：ISBN 978-7-5028-3981-9/F（4653）
定价：25.00元

版权所有　翻印必究
（图书出现印装问题，本社负责调换）

序

  在金融市场中进行做多或做空交易，很多人认为这是一种非常复杂且高深莫测的游戏，甚至有人认为这就是赌博。对于这些观点我并不苟同。我在多年的实盘操作过程中发现，市场其实并不像大多数人想象的那么复杂和不可琢磨，而是非常简洁和规整的，同时只要大家遵守一致性的交易规则，并控制好自己的心态，那么交易其实是一种非常实际且有利可图的生意。

  我之所以写作本书只有两个目的。其一，就是将自己多年所学的真正实用的东西与实盘操作经验所得进行详细的总结与梳理，让自己的思维体系更连贯，使个人的操盘系统更完善。其二，就是要为大家展示并证明市场的简洁与规整性，为帮助大家真正地认识市场尽微薄之力。

  本书的整个体系是这样安排的：第一章首先为大家介绍了一下我的宏观与微观操作法的思想体系，目的是先为大家构建一套思想框架。第二章就直奔主题，用最简洁的语言为大家介绍宏微观操作法中的宏观操作工具——波浪理论的详细知识。很多人可能认为波浪理论不具备实用性，有这种想法的人要么就是根本没有掌握波浪理论，要么就是用错了市场。这一点我会在第二章的波浪理论的适用范围一节进行说明。第三章为大家带来的是我个人认为比宏观操作工具更容易掌握的微观操作工具以及微观操作策略方面的知识。我相信只要大家认真学习并掌握了微观操作工具，即使没有完全掌握波浪理论，也已经可以在国内的股票市场中大显身手了。第四章对操盘的各个阶段所应该具备的良好心态进行详细的剖析与汇总。实践证明：掌握过硬的操盘技巧是一个硬件，而良好的心态无疑是一个软件，只有这个软件与硬件相互完美的配合，才能够让宏微观操盘体系得以更加良好的运作。第五章为大家介绍在操盘过程中务必要遵守的六大操盘原则。实践证明：在操盘过程中严格遵守这些操盘原则，将对我们操盘的成功与否起到事半功倍的效果。第六章中详细探讨有关基本面分析方面的知识，同时也得出基本面分析在宏微观操作法中所占的比重。第七章应该算得上是本书中最核心的部分，本章节中不仅将前面章节的宏观操作工具、微观操作工具、操盘心态的培养、操盘原则的建立以及基本面分析全部融合了进去，从而还构建成了我的宏微观操作体系，且通过实盘举例的方式为大家详细介绍了宏微观操作法在国际黄金现货市场、外汇保证金市场以及国内的股票市场的运用方法及具体的操作细节。第八章也就是本书的最后一章，提出了所谓的"真正的成功"的概念，不仅如此，还详细解析了要获得成功应该从哪些细节着手的关键问题。

　　写作本书我不仅想为大家提供一套实用的操盘系统，更重要的是想为大家构建一套从宏观上全盘把握，从微观上细节着手的完善的思维体系。

　　真心的希望我的努力能够为大家哪怕带来一点点的帮助，也就窃喜足矣了。

景生辉

2012年2月

目 录

第一章 宏观与微观操盘法思想概述 …………………………… (1)
第二章 宏观操盘工具波浪理论详解 …………………………… (5)
　一、价格运动的具体结构与模式 ………………………………… (8)
　　1. 驱动模式 …………………………………………………… (9)
　　2. 调整模式 …………………………………………………… (10)
　二、波浪理论的命名 …………………………………………… (16)
　三、波浪理论的三大定理 ……………………………………… (18)
　四、波浪理论的三大指导方针 ………………………………… (20)
　　1. 指导方针一：波浪交替 …………………………………… (20)
　　2. 指导方针二：波浪延长与波浪等同 ……………………… (21)
　　3. 指导方针三：存在波浪通道倾向 ………………………… (23)
　五、波浪理论中各浪大众心理分析及比率关系 ……………… (24)
　　1. 浪 1 的特征与大众心理 …………………………………… (25)
　　2. 浪 2 的特征与大众心理 …………………………………… (25)
　　3. 浪 3 的特性与大众心理 …………………………………… (25)
　　4. 浪 4 的特性与大众心理 …………………………………… (26)
　　5. 浪 5 的特征与大众心理 …………………………………… (26)
　　6. 浪 a 的特征与大众心理 …………………………………… (26)
　　7. 浪 b 的特征与大众心理 …………………………………… (27)
　　8. 浪 c 的特征与大众心理 …………………………………… (27)
　六、波浪理论的适用范围 ……………………………………… (28)

第三章　微观操盘工具总汇 ……………………………………(29)
一、道氏理论的三个假设 ………………………………………(32)
二、道氏理论的三种走势 ………………………………………(34)
三、K 线简介 ……………………………………………………(36)
1. 单根 K 线 …………………………………………………(36)
2. 确定性 K 线与不确定性 K 线 ……………………………(37)
四、六种经典 K 线组合详解 ……………………………………(38)
1. 启明星形态 ………………………………………………(38)
2. 看涨吞没形态 ……………………………………………(39)
3. 升势双夹形态 ……………………………………………(40)
4. 黄昏星 ……………………………………………………(41)
5. 看跌吞没 …………………………………………………(42)
6. 跌势双夹 …………………………………………………(43)
五、趋势的定义 …………………………………………………(45)
六、趋势线的画法 ………………………………………………(48)
七、趋势线的强度 ………………………………………………(53)
八、微观操盘策略概述 …………………………………………(54)
九、研判趋势是否改变的经典法则——1—2—3 法则 ………(54)
十、1—2—3 法则的一致性标准 ………………………………(56)
1. 有效突破 …………………………………………………(56)
2. 有效反弹与有效回撤 ……………………………………(57)
3. 关键点 A 与关键点 B 的定义 ……………………………(59)
4. 上方做多轨道线与下方做空轨道线 ……………………(59)
5. 趋势跟踪趋势线 …………………………………………(63)
6. 1—2—3 法则交易中的一些交易技巧 …………………(64)

第四章　操盘心态的培养 …………………………………(67)
1. 空仓时应具备的心态 ……………………………………(69)
2. 分析市场时应具备的心态 ………………………………(69)

3. 跟踪市场时应具备的心态 …………………………………… (70)

4. 入场时应具备的心态 ………………………………………… (70)

5. 监视市场时应具备的心态 …………………………………… (71)

6. 出市时应具备的心态 ………………………………………… (71)

7. 总结操盘结果时应具备的心态 ……………………………… (72)

第五章　操盘原则的建立 …………………………………………… (75)

1. 原则一：必须设立止损、止盈单，且止损/止盈≤1/3 …… (76)

2. 原则二：每次只用不超过本金的1/10去冒险 ……………… (78)

3. 原则三：恰当地使用跟踪止损，确保已经盈利的交易
不转变为亏损 ……………………………………………… (79)

4. 原则四：严格遵守入场与出场规则，绝不过度交易 ……… (80)

5. 原则五：必须从宏观与微观的角度对市场进行详细的
评估 ………………………………………………………… (80)

6. 原则六：不要听从外来的建议，除非你知道这条建议
是可靠的 …………………………………………………… (81)

第六章　基本面分析 ………………………………………………… (83)

第七章　宏微观操盘法 ……………………………………………… (87)

一、黄金市场实战分析 …………………………………………… (96)

二、外汇市场实战分析 …………………………………………… (108)

三、中国股市实战分析 …………………………………………… (123)

第八章　真正的成功 ………………………………………………… (141)

第一章
宏观与微观操盘法思想概述

刚开始从事交易的时候，我做的是外汇保证金日内交易，当时只是觉得很刺激，几分钟就能赚几百块比在工厂里干活儿来钱容易得多。那个时候我只知道基本面分析与技术面分析的基本概念，并不了解具体的操作方法。可想而知，一开始所赚的那点儿钱靠的只不过是运气而已。紧接着我就开始输钱了，虽然没有多少（总共3000块），但对我来说那已经不少了，因为那是我在工厂里累死累活整整3个月的工资啊！

输了钱之后，我就暂时停止了实盘交易，开始在模拟盘上练习。我当时的想法是：只有在模拟盘上稳定盈利了，才有可能在实盘上盈利。说起来简单，但做起来就不那么轻松了，那个时候，我在工厂里做工，晚上常常加班，等回到宿舍都快9点了。但无论怎样，我还是坚持每天都要看盘，一有好的机会就进行模拟操作。我开始订下计划，先从基础知识入手，当时还不知道网上有这方面的书卖，因为书店里这方面的书少的可怜。可能是我从事交易的时候，国内还没有开放外汇市场，至少国内还没有合法的可以进行外汇保证金交易的平台。当时，有个朋友告诉我一个能够学到一点外汇保证金交易知识的论坛，上边有20多篇外汇学习的资料，我一口气都下载了下来。从这些资料中我了解到什么是汇率，什么是基准货币与相对货币，什么是基本面分析与技术面分析，以及它们的联系与区别等等。

当看了基本面分析后，我每天晚上都看《华尔街日报》，并时刻关注上边的基本面数据以及当天的新闻报道，并试图用这些基本面数据及新闻进行交易。但遗憾地是，单单凭借这些基本面信息并不能使我稳定盈利。于是我转向了技术面分析，我首先是接触到了一些指标，例如：RSI、CCI、

MACD等，我把MT4平台上的所有指标，也包括我在网上下载的超过10000多个指标全部罗列出来，并通过各种方法查找到了各个指标相关的说明与运用方法，并在MT4平台上逐个试用排查。经过历史资料的复盘测试，我选出了8个我感觉有用的指标，并将它们运用到我每天的操盘中去。没过多久，我就发现这些指标并不存在一致性，也就是说有时候操作很顺利，但有时候却接连挫败，我还是不能稳定获利，于是，我放弃了这些指标。

但是在测试这些指标的过程中，我还是感觉到了技术分析中指标的优点，即技术指标比起基本面分析来说更具有明确性，它们能够很清楚地告诉我在某个交易时刻应该做多、做空或者观望。因此我在猜想，是不是我并没有找到合适的指标，是不是付费的指标更有用。于是，我花钱买了一些指标，但在实践中发现，那些被吹的神乎其神的指标或者智能EA，并不能使我稳定地盈利。此时，我很烦恼，不知道怎么办才好，因为基本面与技术面分析我都用过了，但都不能解决一致性获利的问题。

就在这个时候，一位好友借给我一本维克多·斯波朗迪写的《专业投机原理》，这确实是一本很不错的书。它首先提出了一致性获利的概念，并谈到了道氏理论以及总结出了趋势及趋势线的概念，书中详细介绍了趋势线的画法以及判断趋势如何改变的1—2—3准则等知识。这时，我才发现以前我连趋势线都画不对，难怪我总是赔钱呢！接下来，我看了许多书，现在我书架上的1000多本书，有1/3是那个时候看的，我先是深入地学习并研究了一下道氏理论、艾略特波浪理论、江恩理论以及混沌理论等，我开始将我所学的理论与知识汇总，并尽可能地将其转化为具有可操作性的具体方法，慢慢地，我发现我能够捕捉到市场的波动轨迹了。这个时候，我没有了以前操盘时的那种矛盾心理和恐惧感，取而代之的则是更多地自信与满足。

有一次我在看《人与自然》这个节目时，当看到一个外国专家来到蛇岛，他用手直接去抓那些蛇做研究的时候，我惊呆了！那些蛇并没有主动去攻击专家，反而在他的手里显得很温顺，这是怎么回事？用那位专家的话说就是："我了解它们的习性，知道怎么做才不会受到毒蛇的攻击。"是啊，此刻我恍然大悟，市场不就是我眼中的"毒蛇"吗？它好几次像掠夺我生命一样卷走了我的金钱，使我失去了自信，让我充满了恐惧。那么，我怎么做才能够让市场这条"毒蛇"在我的手中变得温顺呢？当然最重要的就是要了解市场这条"毒蛇"的习性，了解什么时候进场是恰当的，什么时候出场是合适的，在哪里设立止盈、止损是安全的，不急不躁、不紧不松、不快不慢使市场有足够的呼吸空间。

于是，我用了大量的时间与精力去认真地思考和感受这条"毒蛇"的习性。经过多年的努力，我终于掌握了市场这条"毒蛇"的习性，领悟到了市场的奥秘。这时我发现，我们要想与市场和谐共处，就必须做到以下三点：首先，我们必须从宏观方面把握市场的脉搏，知道市场的每一个波动所处市场大历史周期中的位置及其变化模式；其次，我们必须从微观方面确认具体的进场与出场点，并对应相应的止盈与止损点；最后，我们还必须在交易的各个阶段努力控制好自己的情绪，让我们以最佳的心态迎接市场的每一次挑战。

我坚信，只要大家按照以上三点不断地、有意识地去练习，并将这个意识形态的东西转化为自身的潜意识的个人特质时，才能够成为真正的专家级分析师或操盘手，并以此为职业去创造自己的金融自由，从而摆脱贫穷与平庸的束缚。努力吧，我的朋友！

接下来，就请大家随我一起去揭开市场这条"毒蛇"神秘而恐怖的面纱，一起来了解它的习性与奥秘吧！

第二章
宏观操盘工具波浪理论详解

现代科学研究证明，所有市场价格的变动皆是处于混沌之中。研究混沌理论就要依赖于分形技术，而研究市场价格的变动最成熟的分形理论就是——艾略特波浪理论，也就是我们常说的波浪理论。波浪理论是由拉尔夫·纳尔逊·艾略特先生在他晚年的时候，通过对道琼斯指数运动模式的大量细致的研究发现和总结出来的，用于研究市场价格变动轨迹与运动模式的一套非常实用的市场技术操作方法。这套方法不仅能告诉我们此刻市场价格变动所处市场大历史周期中的位置，更能明确价格特有的变换模式，同时还能预先判断价格接下来的运动幅度。

艾略特简介

图2—1　拉尔夫·纳尔逊·艾略特（1871～1948）

拉尔夫·纳尔逊·艾略特1871年7月28日出生于美国堪萨斯州的玛丽斯维利镇，1880年末艾略特与家人搬到了德克萨斯州的圣安东尼奥，十几岁的时候他就学会了流利的书写西班牙语，这为他后来在墨西哥的铁路上工作打下了良好的语言基础。1891年艾略特20岁那年，他永远离开了家，在北美铁路兴盛的高潮中去墨西哥的铁路上工作，被雇为巡道员、列车调度员、速记员、电报操作员、火车站管理员等。1896年左右艾略特开始从事会计职业，其教育途径至今不为人所知，由于他已经从上到下了解了这个行业，所以他专门发展出了铁路会计。在随后的25年中，艾略特曾在几家股份公司供职。

1903年9月3日，艾略特与比自己大2～3岁的玛丽·伊利莎白·菲茨帕特里克结婚。从1911年开始由于墨西哥经历了一系列长达数年之久的暴力革命，所以1916年6月艾略特与夫人一起搬到了加利福尼亚的洛杉矶。1924年艾略特加入了位于纽约的商业月刊《茶室与礼品店》的编辑队伍。同年在他的好友杰肯斯的推荐下，艾略特被美国国务院选中，为尼加拉瓜担任总会计师的职务。1924年12月18日艾略特与美国国务卿查尔斯·埃文斯·休斯在华盛顿特区会面，接收他的正式任命和指示。1929年艾略特由于患有恶性贫血症而被迫退休。

1932年左右，艾略特已经是61岁的老人了，然而在研究了道氏理论后，他开始将所有的注意力转向了研究股票市场的行为，艾略特大部分的观察用今天的科学术语来说就是分形。1934年，艾略特对他的想法充满信心，于是写信给投资者顾问公司的总裁柯林斯，将自己的波浪理论介绍给了他。然而，当时柯林斯并未对艾略特所谓的波浪理论感兴趣。1935年在艾略特连珠炮似地信件的攻击下，柯林斯终于投降了，他将艾略特介绍给了当时顶尖的技术分析大师罗伯特·雷亚先生。1937年3月柯林斯以艾略特的原始论文为基础完成了第一部关于艾略特波浪理论的专著——《波浪理论》，并于1938年8月31日出版。紧接着艾略特自己又搞了《教育简报》以及《研判通讯》等，进一步推广他的波浪理论。1940年艾略特发表了菲波纳奇数列在波浪理论中的运用的讨论。1948年1月15日艾略特因慢性心肌炎与世长辞。

从艾略特的生平简介中我们看到，这么一部研究市场价格变动的经典理论，竟然是由一位没有证券从业经历的人在他61岁的高龄时才发现和总结出来的。这一点确实让人很折服，那么艾略特波浪理论究竟都告诉了我们什么，接下来我就跟大家分享一下波浪理论的奥秘。

波浪理论详解

当大家第一次打开操盘软件，看到一幅幅市场报价图表，给你的第一印象是否是杂乱无章，且没有任何可以找寻的规律呢？不了解波浪理论的人肯定会有这样的感觉。然而，实践与事实证明，市场真正的运作方式并非如此，它是按照严格的规律有序地周而复始的运作着。而揭示这一自然定律的神圣法则就是——波浪理论。

波浪理论之所以成为我的宏观和微观操作方法中的宏观操作工具，是因为它完全符合我的宏观操作思想。即波浪理论能告诉我们，此刻市场价格的变动所处整个历史周期中的位置，更能明确价格特有的变换模式，同时还能预先判断价格接下来的运动幅度。波浪理论发展至今已经形成一套非常严谨的市场研判标准，下面我们首先看一下波浪理论中的价格运动的具体结构与模式。

一、价格运动的具体结构与模式

艾略特波浪理论认为，市场遵循驱动（作用）与调整（反作用）的运动模式，其中驱动模式皆为5浪结构，调整模式有3浪与5浪之分。驱动模式结束后紧跟着调整模式，如图2—2所示。

图中浪1为驱动模式，它由5个子浪构成。在这个5浪结构中：(1)、(3)、(5)浪为驱动浪，它们的运动方向与大一级别的浪1方向相同。(2)、(4)浪为调整浪，它们的运动方向与大一级别的浪1方向相反。其中，浪(2)为浪(1)

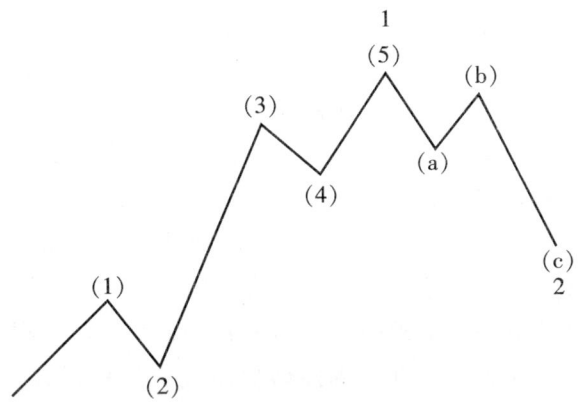

图 2—2　波浪理论示意图

的调整浪，浪（4）为浪（3）的调整浪。浪 2 为浪 1 的调整浪，在浪 2 中有 3 个子浪，浪 b 为浪 a 的调整浪，且方向与调整浪 2 的主趋势方向相反，浪 a、c 的运动方向与调整浪 2 的主趋势方向相同。

1. 驱动模式

驱动模式共有两种类型，第一类如上所述为基本驱动模式，第二类驱动模式为倾斜三角形。倾斜三角形根据其在波浪循环中出现的位置不同而分为：引导倾斜三角形和终结倾斜三角形。

（1）引导倾斜三角形。

当倾斜三角形出现在驱动模式的浪 1 或锯齿型调整模式的浪 a 时，称之为引导倾斜三角"型"。其内部结构为 5—3—5—3—5 形态。引导的意思是指该倾斜三角"型"的出现，预示着该倾斜三角"型"所在的驱动或调整模式的开始。

（2）终结倾斜三角"型"。

当倾斜三角"型"出现在驱动模式的浪 5 或锯齿型调整模式的浪 c 时，称之为终结倾斜三角"型"。其内部结构为：3—3—3—3—3 形态。终结的意思是指该倾斜三角"型"的出现，预示着该倾斜三角"型"所在的驱动或调整模式的结束。

2. 调整模式

调整模式共有四种类型，如表2—1所示。这四种类型分别是：锯齿型调整模式、平台型调整模式、三角"型"调整模式以及联合型调整模式。

大家是否注意到，这四种调整模式的名称中我用的是模型的"型"字，而不是用形状的"形"字。原因是我发现很多人在辨认调整模式的形态时很单纯的就只根据浪形的外表形状来研判，并草率地做出结论。这样做往往会犯大错误。虽然说波浪理论认为浪有其形，但这仅仅是一个基本的研判要素，并不能作为做出最终研判的根本。

如图2—3所示，如果单纯地根据形状来看，大家很可能会将驱动模式误判为调整模式的三角"型"形态。

我们知道三角型调整模式共有5个浪，而且每一浪都是3浪结构，那么如果单凭形状就将图2—3中的驱动模式研判为三角型调整模式，其内部结构并不完整，因为其整体只有3浪而不是5浪。

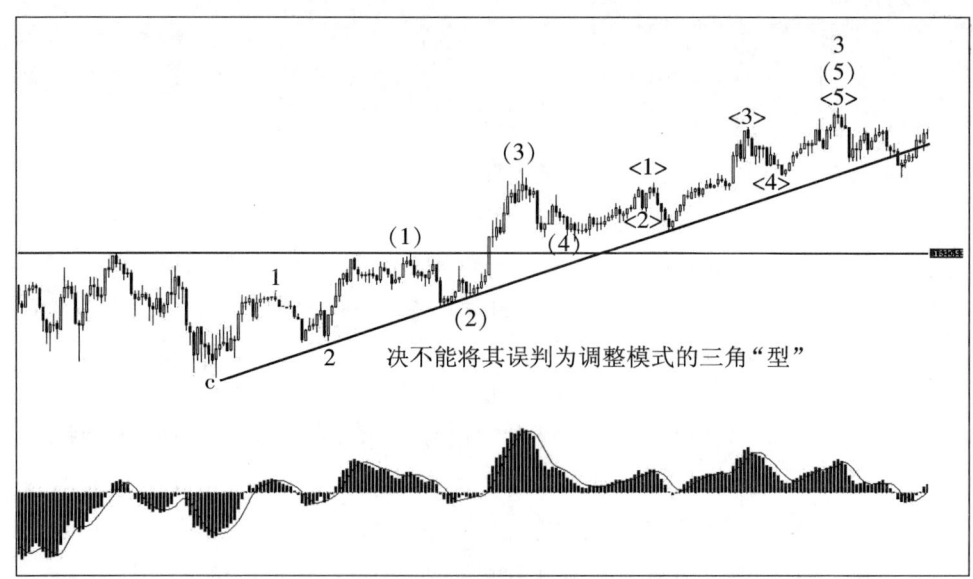

图2—3 驱动模式

其实采用"型"字除了提醒大家不要单纯地只看形状就做出浪型结构的研判结论外,还要提醒大家注意调整模式的各个形态其本身就是一个浪型的集合体,而不是简简单单的一个不能再被细分的浪。

表2-1 调整模式的四种类型

序号	模式类型	细分类型	图示
1	锯齿型	单锯齿型	
		双锯齿型	
		三锯齿型	

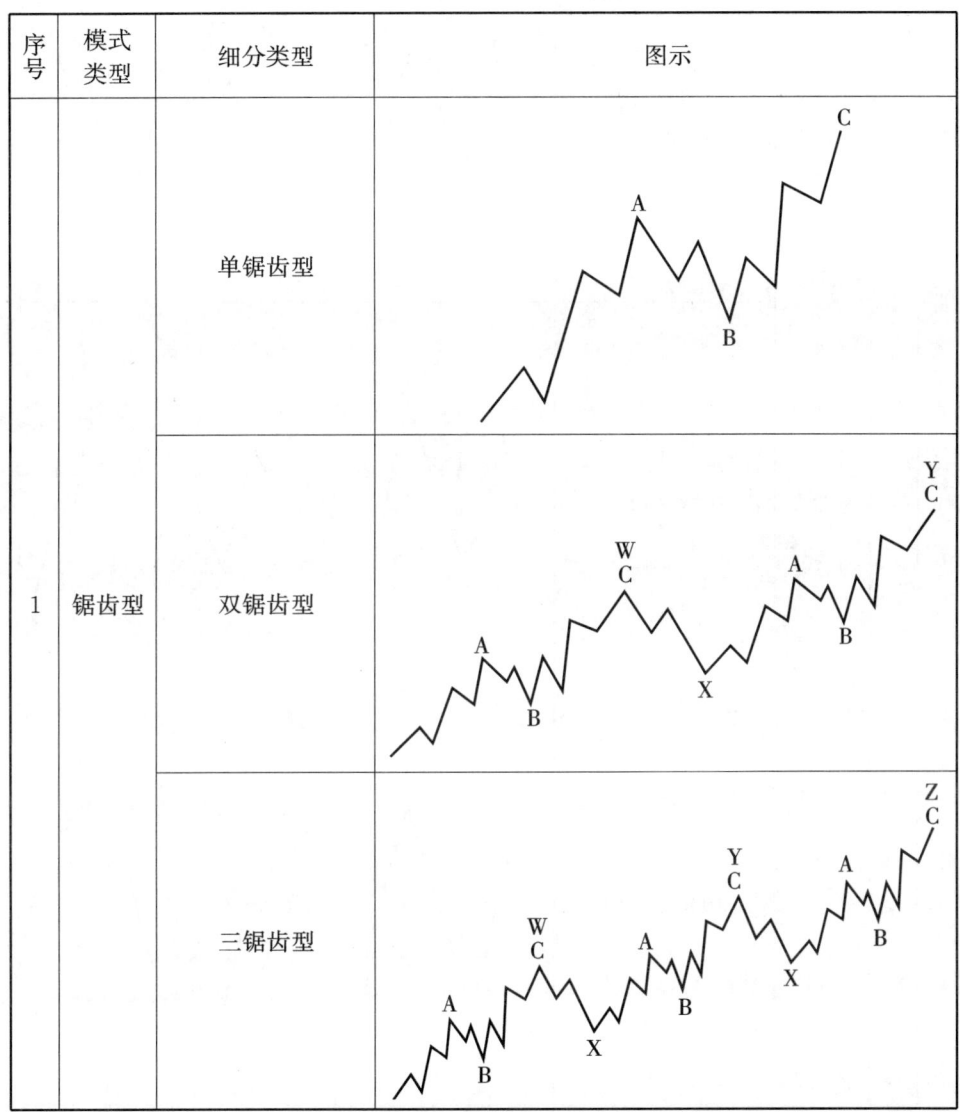

续表

序号	模式类型	细分类型	图示
2	平台型	普通平台型	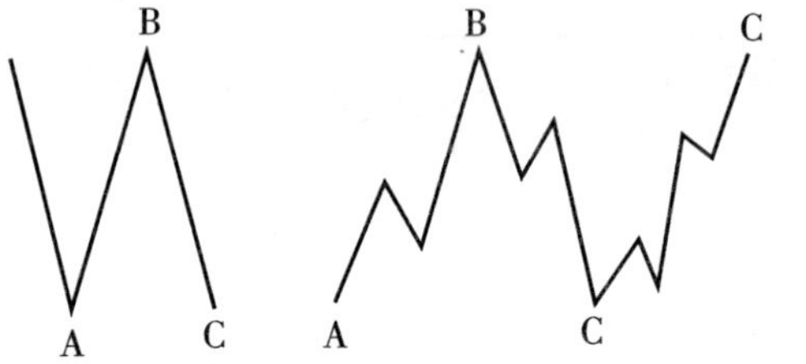
		扩散平台型	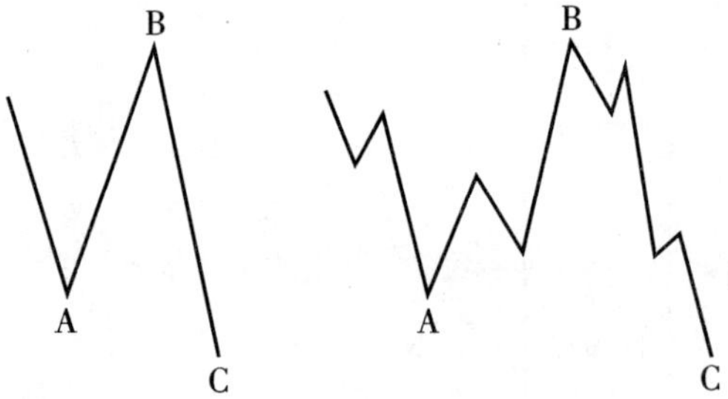
		顺势平台型	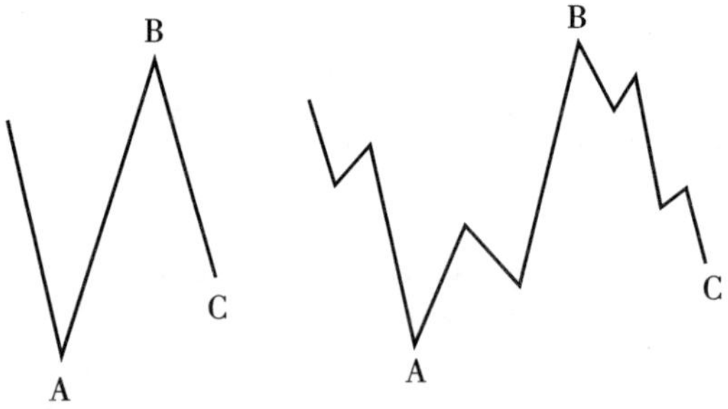

续表

序号	模式类型	细分类型	图示
3	三角"型"	上升三角"型"	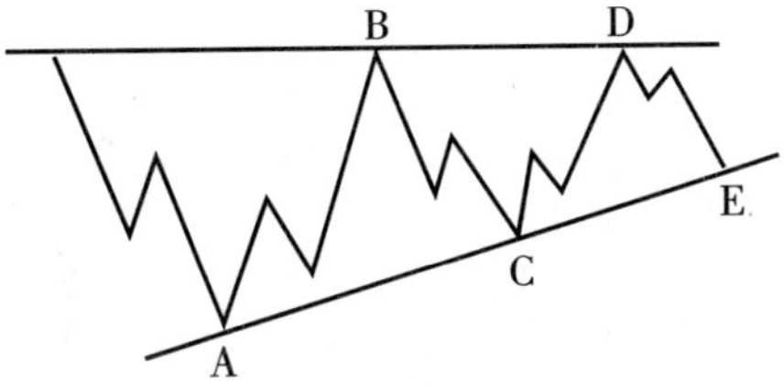
		下降三角"型"	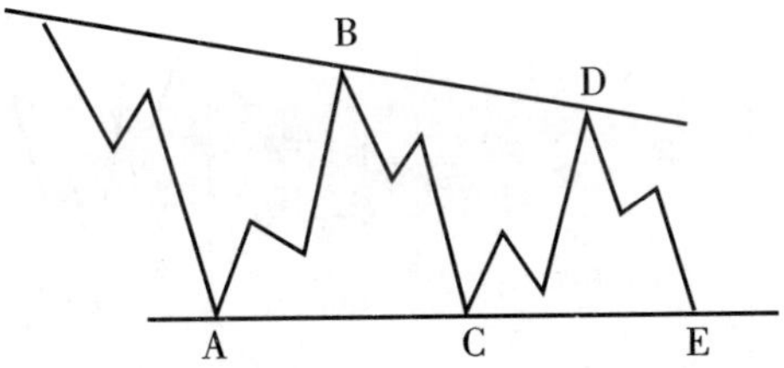
		对称三角"型"	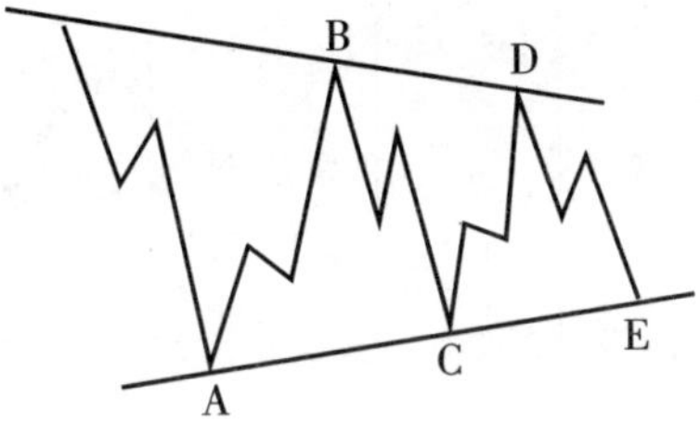
		反对称三角"型"	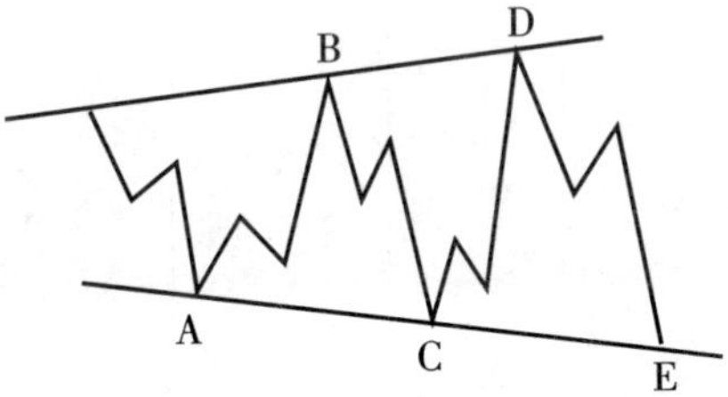

续表

序号	模式类型	细分类型	图示
4	联合型	双重三浪	平台型/三角"型" 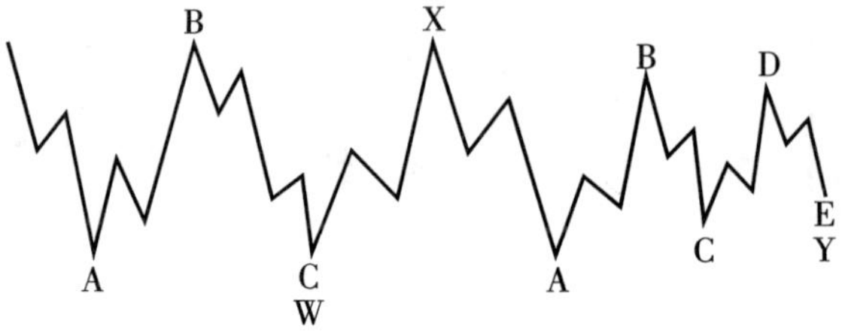
			平台型/平台型 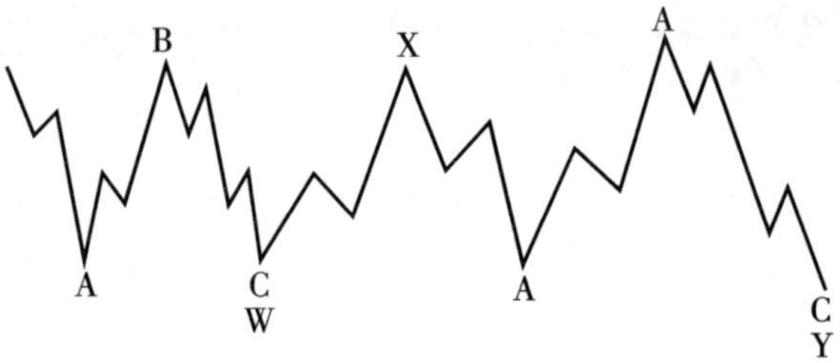
			锯齿型/三角"型" 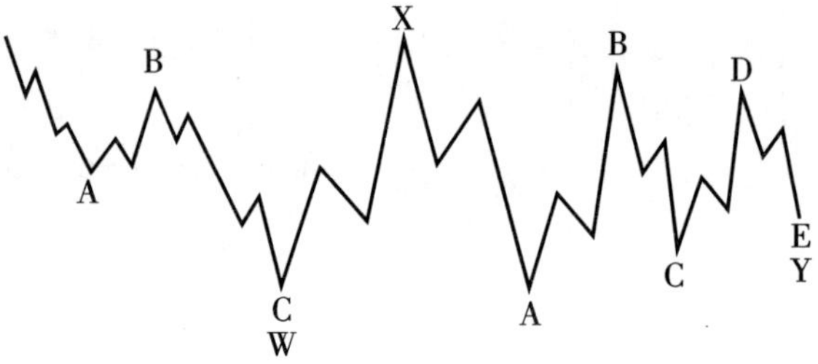
			锯齿型/平台型 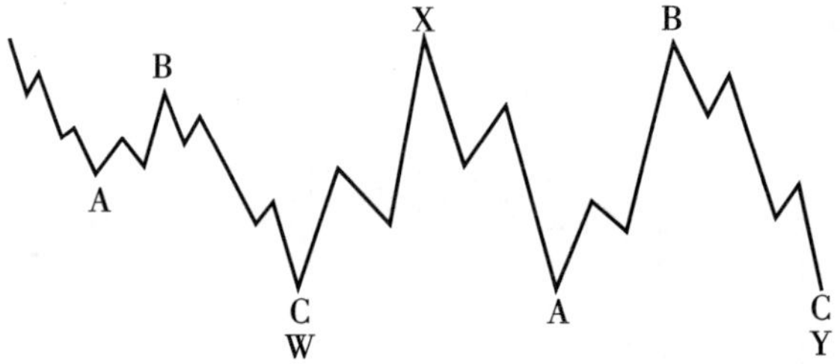

续表

序号	模式类型	细分类型	图示
4	联合型	三重三浪	平台型/平台型/三角"型"
			平台型/平台型/平台型
			锯齿型/平台型/三角"型"
			锯齿型/平台型/平台型

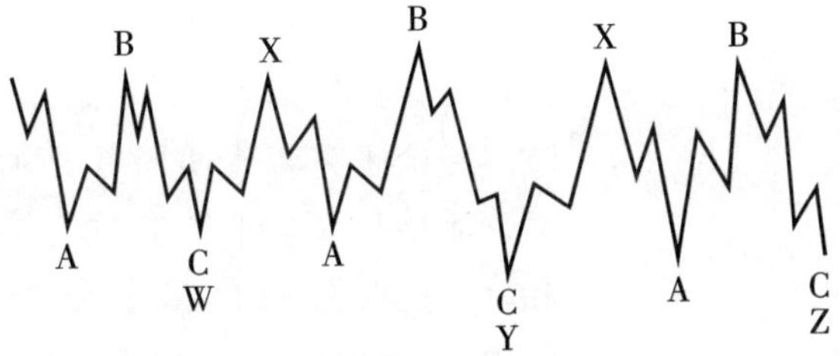

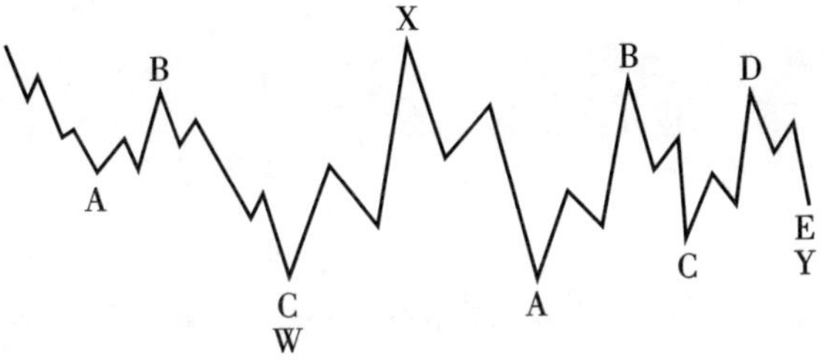

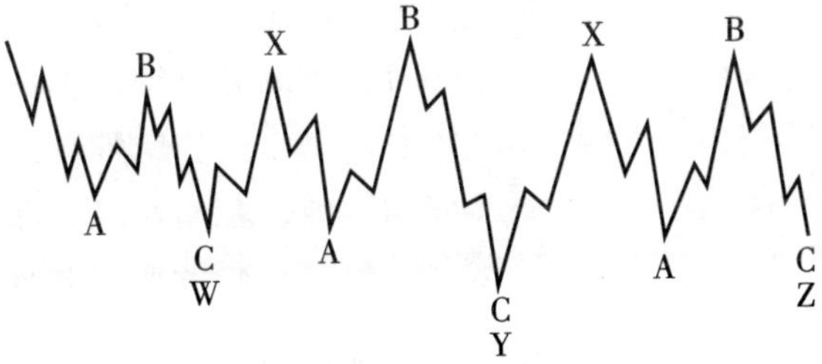

对于刚开始学习数浪的朋友，完全可以将表2—1打印出来，作为每次数浪的一个参照。待完全熟悉了之后，很可能一眼就辨认出正在发展的调整模式很可能走出哪种具体的调整形态来。

从上面的价格运动的基本模式与结构中我们看到，价格的运动是分级别的，大结构中有小结构，小结构中又有更小的结构。这么一套复杂的体系，必须加以标注才能不让人混淆。为此，艾略特本人发展出了一套命名体系，将每一个波浪根据级别大小的不同做了命名，从而解决了复杂波浪中的波浪级别容易被混淆的问题。这套命名体系虽然完备，但并不好用，原因是这套命名体系中有许多现代的分析软件并不提供的输入字符，比如罗马数字或者带圆圈的数字等。因此，现在的大多数波浪理论研究者或使用者，并没有使用艾略特的这套命名体系，而是基本上都有自己的一套命名体系，原因就是为了方便和好用。考虑到这一点，我专门发展出自己的一套比较简洁和实用的命名体系。下面我就将它分享给大家。

二、波浪理论的命名

谈起波浪理论的命名，可能每一位波浪理论研究者或使用者都有自己的一套命名方法（浪的标示方法）。不过，无论采用何种命名方法，其最终目的只有一个，那就是简洁易懂，便于运用和操作。经过多年的交易实践与总结，我发展出一套比较符合中国人思维习惯的波浪命名方法。首先我来介绍一下这套命名方法的思维模式。

回想一下，我们在写一些东西的时候，为了使写作更加有条理，除了运用首先、其次、再次外，我们还会借助一些数字，比如：第一点下会有第（一）点，而第（一）点下又会有第<一>点，第<一>点下又会有第1点，第1点下又会有第（1）点，第（1）点下又会有第<1>点，于是，我的命名体系就此诞生了。如表2-2所示：

表2-2 波浪理论命名（标示）体系

波浪名称	驱动模式中的波浪命名 （↑下一套是大写数字）	调整模式中的波浪命名 （↑下一套是大写字母）
甚超级浪	一 二 三 四 五	A B C D E
超级浪	（一）（二）（三）（四）（五）	（A）（B）（C）（D）（E）
大浪	<一><二><三><四><五>	<A><B><C><D><E>
中浪	1 2 3 4 5	a b c d e
小浪	(1) (2) (3) (4) (5)	(a) (b) (c) (d) (e)
微浪	<1><2><3><4><5>	<a><b><c><d><e>
	（↓下一套是大写数字）	（↓下一套是大写字母）

这套命名体系有两个特点：

（1）随着波浪级别由大到小，数字也是由大写到小写，同时由无括号到圆括号，再到尖括号。这一点完全符合我们中国人日常的书写习惯。

（2）这种命名方法依然延续了经典波浪理论命名体系中驱动浪用数字表示，调整浪用字母表示的传统。

其中值得注意的是，联合型调整浪的衔接浪用X表示，而其余各组成浪按照先后顺序依次用W、Y、Z来表示。如图2-4和2-5所示。

有了这套简洁实用的波浪命名体系，大家在数浪过程中严格按照它进行标注，就很容易解决浪级混淆的问题，但要精确数浪还必须清楚波浪理论的相关定理与指导方针。

下面，首先让我们来看一下波浪理论的三大定理。

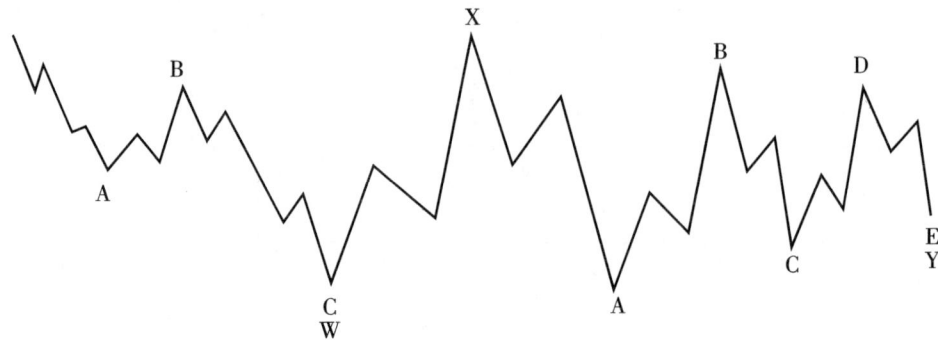

图 2—4 联合型调整浪的命名标注示例一

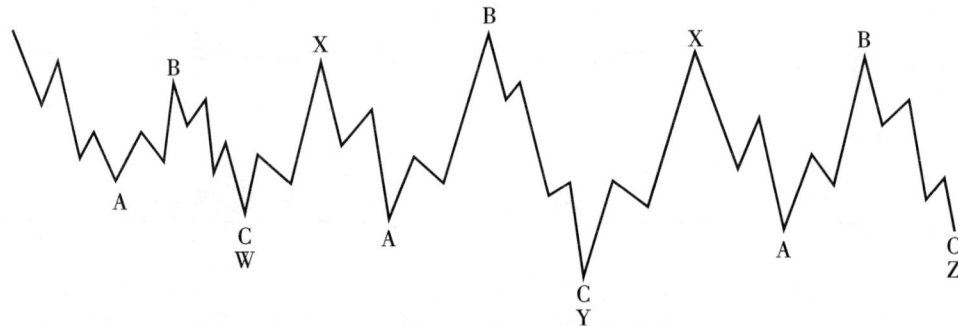

图 2—5 联合型调整浪的命名标注示例二

三、波浪理论的三大定理

"定理"一词在新华词典中的解释是，用逻辑的方法判断为正确并依此为推理根据的真命题。而波浪理论中的定理并非来自于逻辑推理，它是经过几代波浪理论学者的观察与总结，并在实践中验证为正确的真命题。

定理一：浪2永远不会运动得超过浪1的起点。

浪2作为浪1的调整浪，其运动幅度永远不会超越浪1的起点，至于其调整幅度与浪1幅度的关系，我会在波浪理论中各浪大众心理分析及比率关系一节做详细介绍。

定理二：基本驱动模式的1、3、5驱动浪中，浪3永远不会是最短的一浪。

经过大量的实践统计证明浪3永远不会是最短的一浪，虽然其不一定是最长的一浪，但往往却是最长的一浪。这条定理告诉我们，如果我们在数浪过程中发现我们所数的第3浪是最短的一浪，那我们的数浪必然出现了问题。如图2－6所示，显然第一种数浪方式是错误的，而采用第二种数浪方式才是恰当的。

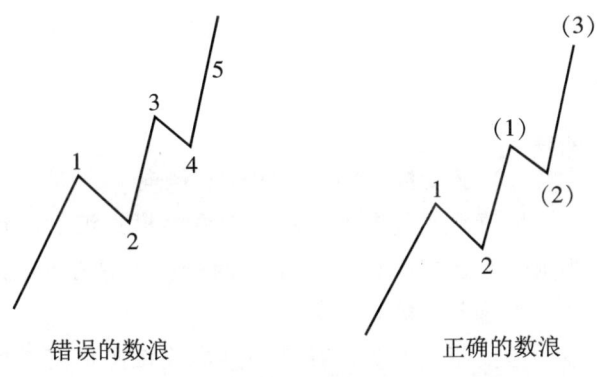

图2－6　错误的数浪方式和正确的数浪方式

定理三：基本驱动模式中，浪4永远不会进入浪1的波动区间。

波浪理论中，基本驱动模式中的调整浪浪4不允许进入浪1的波动区间，如果在数浪过程中，发现驱动模式中的浪4进入浪1的波动区间，要么是你的数浪有问题，要么该驱动模式必定是倾斜三角型。

以上的三大定理是我们精确数浪的基本保障，而要做到精确数浪，除了严格遵守波浪理论的三大定理之外，还要知道在波浪的运动与变换过程中，虽说不是必然出现，但却非常常见的波浪变换习性，这就是接下来我们需要了解的波浪理论的三大指导方针。

四、波浪理论的三大指导方针

关于波浪理论的指导方针，大家可以将其作为数浪过程中的一种思维倾向，但不可将其视为定理。虽然这些指导方针在波浪模式中的发生概率相当大，但它们的发生还远不是一种必然或必须，仅仅是有这种倾向而已。

1. 指导方针一：波浪交替

波浪交替主要有两大类：驱动模式中的波浪交替与调整模式中的波浪交替。

（1）驱动模式中的波浪交替倾向。

具体来说是指驱动模式中调整模式浪2与浪4的形态交替倾向，其交替倾向主要有两种：一种是形态结构的交替，另一种是形态繁简的交替。

为了简化说明，我将调整模式按照形态结构与相对繁简的不同分为两大类，如表2-3和表2-4所示。

表2-3 调整模式按形态结构分类表

竖向结构	横向结构
锯齿型调整	平台型调整
	三角型调整
	联合型调整

表2-4 调整模式按形态繁简分类表

相对简单型	相对复杂型
锯齿型调整	三角型调整
平台型调整	联合型调整
单锯齿型调整	双锯齿型调整/三锯齿型调整

续表

相对简单型	相对复杂型
普通平台型	扩散平台型/顺势平台型
双重三浪	三重三浪

结合上表我们知道，如果驱动模式中的调整浪浪 2 的结构为竖向结构，则浪 4 就有发展成为横向结构的倾向。而如果浪 2 是相对简单型，则浪 4 就有发展成为相对复杂型形态的倾向。

（2）调整模式中的波浪交替倾向。

对于联合型调整模式，大家应该把握以下三个原则：

①所有联合形态的第一个调整形态只能是锯齿型或者平台型。

②三角"型"三角型只能作为联合型调整的末端形态出现。

③联合型调整模式中的衔接浪 X 浪只能为 3 浪结构，因此，X 浪要么是锯齿型要么就是平台型。

调整模式中的波浪交替，指的是联合型调整形态中的各联合浪型之间的交替倾向行为，这一点从表 2—1 中的八种联合调整形态中可以很清楚的看到。即，锯齿型联合平台型、锯齿型联合三角型、平台型联合平台型、平台型联合三角型，以及锯齿形联合平台型联合三角型、锯齿型联合平台型联合平台型、平台型联合平台型联合三角型、平台型联合平台型联合平台型。

其中对于平台型相互之间的联合也往往出现普通平台型、扩散平台型以及顺势平台型三种结构的相互交替联合，如图 2—7 和图 2—8 所示。

2. 指导方针二：波浪延长与波浪等同

延长浪是指被扩大的细分浪拉长了的驱动浪。如图 2—9 所示，此处仅以牛市为例。

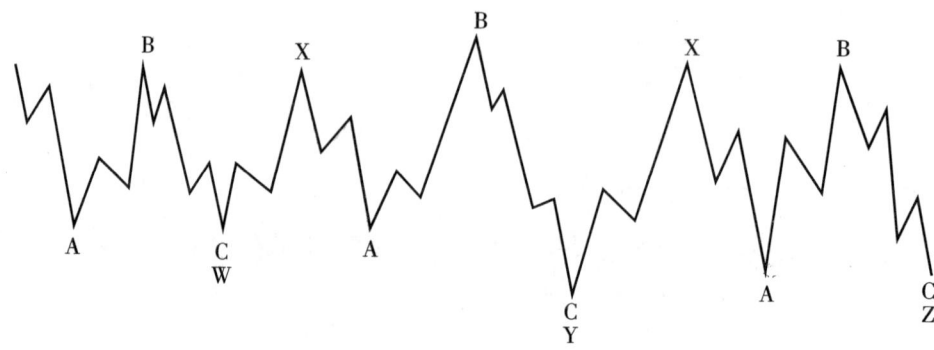

图 2-7 普通平台型联合扩散平台型联合普通平台型

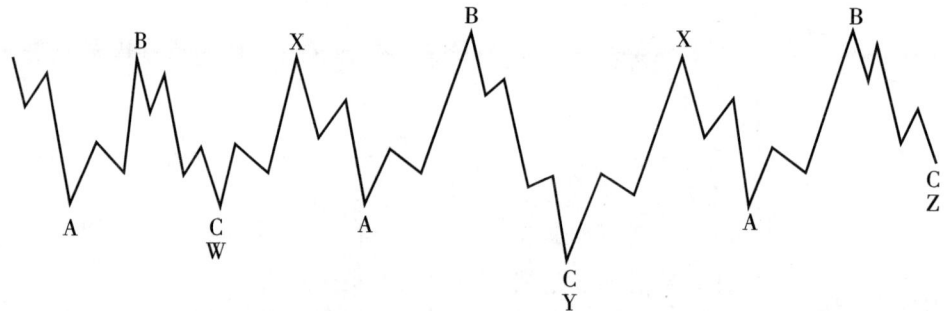

图 2-8 普通平台型联合扩散平台型联合顺势平台型

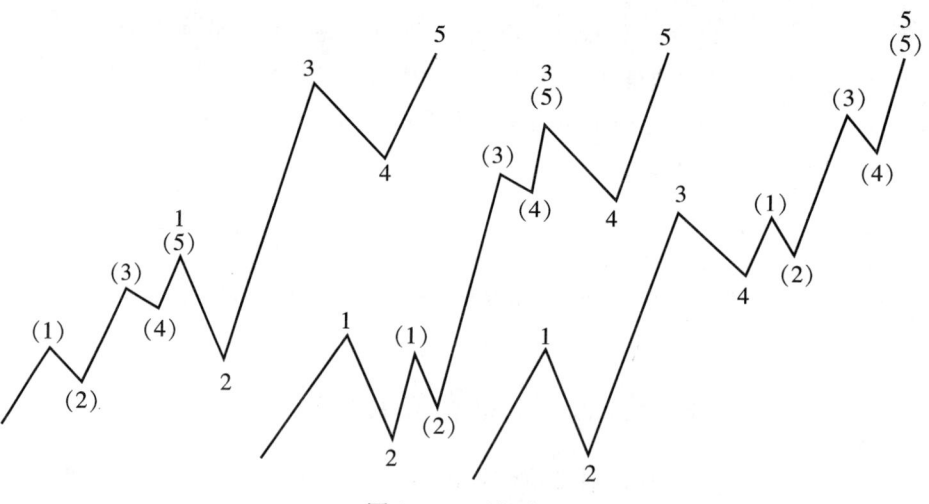

图 2-9 延长浪

波浪理论认为：在基本驱动模式的5浪中，驱动浪1、3、5仅其中之一很有可能是延长浪，并且该延长浪的某一个子浪也是延长浪。当第三浪为延长浪时，浪1与浪5就倾向于相等，或其中一浪为另一浪的0.618。由于浪3永远不可能是最短的驱动浪。因此，当浪1为延长浪时，浪5通常为浪1的0.618。同理，浪5为延长浪时，浪1通常为浪3的0.618。

3. 指导方针三：存在波浪通道倾向

波浪理论中，当市场处于驱动模式中时，只要我们判断出第1浪与第2浪的终点，我们就有方法依次预测第3浪，第4浪以及第5浪的终点的大概位置，这种方法就是波浪理论中的通道法。

何为通道法呢？所谓通道法是指当我们确认了第2浪的终点时，就通过浪1的起点与浪2的终点画直线，记为L，然后再划L的平行线记为M，平移直线M经过浪1的终点，则浪3的终点很可能会落在该直线上。同理，当确认浪3结束后，通过浪1与浪3的终点画直线记为（L），然后划直线（L）的平行线记为（M），平移直线（M）经过浪2的终点，则浪4的终点很可能会落到该直线上。在确认浪4结束后，可以通过浪2与浪4的终点画直线记为<L>，然后划直线<L>的平行线记为<M>，平移直线<M>经过浪3的终点，则浪5的终点很可能会落到该直线上。如图2-10所示。

当然，通道法只是为预测浪3、浪4与浪5的终点提供了框架，并不能保证其终点刚好落在该直线上，有可能该终点会超越该直线，也有可能其终点并未到达该直线就结束了。如图2-11所示。

了解了前面关于市场价格波动的基本结构与模式，以及在数浪过程中我们应该坚持的一些原则之后，大家是否对市场价格为什么会产生如此重复的结构模式，以及每一个浪型

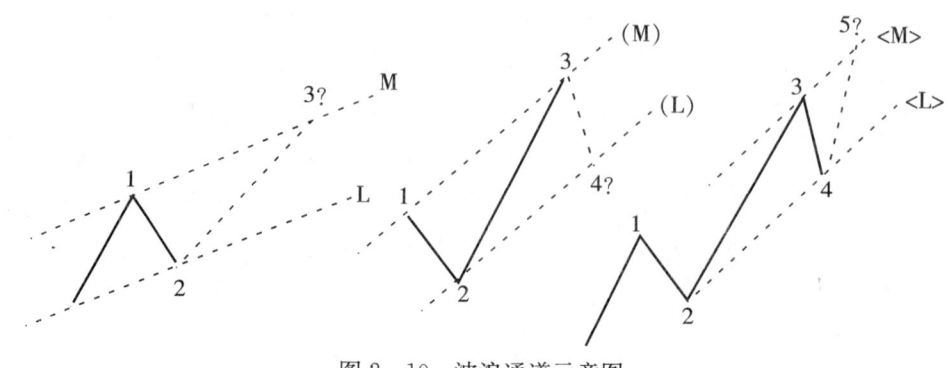

图 2-10 波浪通道示意图

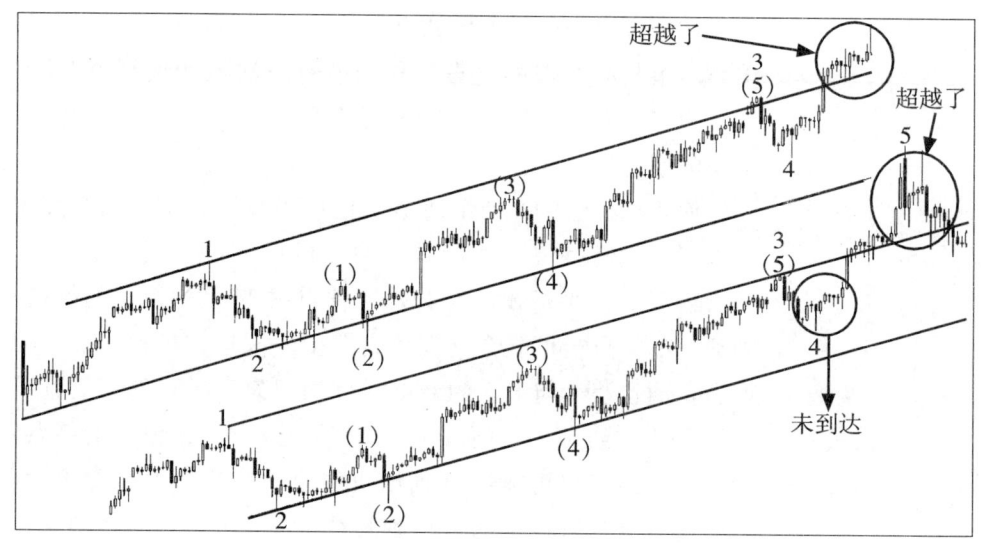

图 2-11 波浪通道的实际应用

之间的运动幅度有哪些内在的联系等问题存在疑问呢？接下来，我就为大家具体剖析一下这些问题。

五、波浪理论中各浪大众心理分析及比率关系

波浪理论中的驱动模式与调整模式相互交替，以及驱动模式内部的结构变化，幅度的大小等被艾略特本人认为是自

然的本质规律,或者说是宇宙的行为奥秘。然而,不管波浪理论之所以有效的真正原因是什么,其中各浪的大众心理因素必然是影响由大众参与的市场如此规律变化的重要原因。下面我就来分析一下波浪理论中各浪大众心理以及各浪之间内在的比率关系。

1. 浪1的特征与大众心理

当浪1展开时,市场中的大多数参与者都认为这仅仅是短期的回调或反弹走势,并没有意识到趋势已经发生改变了。此时,对于股市中的参与者,大多数是由主力与部分先知先觉者组成。此刻如果是在股票牛市的开始阶段,则媒体普遍报道的还是负面消息,大多数无能的金融学者和经济学家还依然看空股市。虽然大多数参与者依然处于悲观的情绪之中,然而,价格确实已经发生了改变。如果你是波浪理论研究者或使用者,你会在浪1的开始阶段就能意识到上升或下跌趋势已经结束的信号,而随时准备着逢高做空或逢低做多。

2. 浪2的特征与大众心理

当浪1的5浪结构完成时,浪2就开始了,此时,大多数市场参与者会很自负的说:"呵呵,我就说过前期只是正常的回调而已,你看,现在价格又下跌了吧。"市场分析大师们的自负与无能在此处表露无疑,他们大多数会认为下降趋势继续保持良好。媒体也会发出类似于"中国股市之死"的言论。然而事实是,价格再也没有跌破前期下降趋势的最低点,波浪理论认为,它通常的下跌幅度为第1浪的0.618倍。

3. 浪3的特性与大众心理

浪3的开始,尤其是当浪3的运动的幅度超过浪1的终点之时,一些先知先觉的投资机构,或一些市场老手以及专业人士发现了情况不对,他们似乎比一般人都要早一些就认识到了下降趋势确实已经发生改变。他们迅速了结了前期的空头头寸，而反手做多。但还是有一部分人愚蠢的认为价格到达浪1的终点附近时为绝好的做空机会。然而没过多久，价格又一次迎来升势，尤其在第3浪的第（3）浪中，媒体又一次大量的参与了进来，一切都是利好消息，不管是经济基本面还是经济实体，表面看上去都是那么的美好和富有活力。

此时市场分析大师与经济学家们开始和媒体一道，更多利好的消息出炉，利空消息即使有（当然有），也会被他们秘而不宣，即使宣布，大众也会视而不见。大众处于极度的疯狂之中，价格飞速上涨，任何小幅的下跌都会有大量的买盘介入。波浪理论认为，浪3的运动幅度很可能会到达浪1的1.618处。当一部分大众在第3浪的第（5）浪参与进来的时候，前期市场的多头参与者开始了结头寸，落袋为安，价格终于出现了一波比较大的回调，这往往预示着第4浪的开始。

4. 浪4的特性与大众心理

如上所述，浪4往往是由于市场参与者获利了解所造成的，因此，一般情况下，浪4的幅度相比浪2要小得多，波浪理论认为浪4的运动幅度一般会到达浪3的0.382处。

5. 浪5的特征与大众心理

经过浪4的短暂回调之后，价格又一次重拾升势，第5浪中是散户参与最多的阶段，由于媒体与分析师的不断煽动，散户们终于把持不住而入场做多，价格似乎继续保持升势。波浪理论认为第5浪的运动幅度是第1浪到第3浪的整个幅度的0.618倍，此时，无论是电视、报纸、还是各种媒体都在谈论市场升势永恒，就连卖菜的阿姨都在谈论股票，而股票价格确实也在上涨。然而事实证明世间没有永恒的事物，股价开始下跌，这一般是大机构与部分先知先觉者逃顶造成的。

6. 浪a的特征与大众心理

当浪a开始的时候，无论是市场分析大师还是媒体依然在报道正面的消息,然而价格依然无情的下跌,大部分散户在高位被套牢。散户们还在纳闷,怎么回事?不入场股价一路飙升,一入场股价就开始下跌,当市场每一次暂时性的出现小幅回调时,散户们都瞪大眼睛期待市场能像前期暴涨行情一样上涨。然而,市场依然果断地、持续地继续它的下跌走势,这就是 a 浪,散户们最煎熬,最痛苦的时刻。

7. 浪 b 的特征与大众心理

当浪 a 的回调告一段落时,佯攻式的浪 b 就展开了,波浪理论认为,浪 b 的上升幅度大多数为浪 a 的 0.236,虽然浪 b 的上升行情给散户带来了些许希望,然而,我们发现通常情况下浪 b 并没有再创新高,即使创新高也是短暂的。此时,媒体与分析师们依然鼓吹价格涨势永不灭。然而听信这种言论的散户们的命运将会极度的悲惨,因为,浪 b 的回调本来是散户们了结仓位的最佳时刻,然而大多数散户并没有这么做,他们依然死守仓位,直到 c 浪的展开。

8. 浪 c 的特征与大众心理

正如上边所述,当浪 c 展开时,散户们已经失去了最好的了结仓位的机会,他们眼巴巴的看着价格一落千丈,媒体与分析师们这次终于把前期秘而不宣的看空消息从垃圾箱里边找出来,来试图解释价格下跌的原因。然而,遗憾的是此刻已为时已晚。波浪理论认为浪 c 的运动幅度会到达浪 1 的运动幅度的 1.618 处。浪 c 阶段,散户们是最凄惨的,他们有些割肉的割肉,部分不甘心的人开始转变短期投机的身份,做起了被动长期投资的交易。这就是浪 c,市场多空价格之战,空方每占领一片土地都会引起疯狂屠杀,真可谓是:死伤遍野啊。

以上就是波浪理论中各浪大众心理分析及比率关系的全部内容,相信这些知识能够为大家更好的理解价格运动的本质规律与原因提供部分依据。接下来,我们看一下波浪理论的适用范围。

六、波浪理论的适用范围

　　市场研究证明，波浪理论是研究市场本质变换规律的最好的理论之一，然而实践证明，波浪理论并不是适合所有的市场。它只适用于自由、开放且流动性好的市场，而不适用于有涨跌幅限制，流动性差的市场。而且，不同的市场其大周期中波浪的变换模式也是不一样的。这一点，大家可以在操盘实践中细细体会。

　　至此，我的宏观操作工具——波浪理论的相关知识已经全部介绍结束，多年的实盘操作证明，波浪理论作为宏观性的操作工具，不仅仅能告诉我们市场价格此刻所处历史周期中的位置，还能预先判断价格的变换模式，更重要的是能够告诉我们接下来的价格变动幅度的大小。

　　波浪理论需要在实践过程中不断摸索，不断熟练，才能够真正掌握。有些人没有学懂波浪理论，或者用错了市场，就去反驳波浪理论为歪理邪说，这样做的人只能证明他们的无能与无知。当然也有些人，倾其所有精力，妄图证明波浪理论本质为错误，我可以肯定的告诉这些人，他们的做法是徒劳的。作为混沌市场最根本的研究理论——波浪理论，其实是非常规整和简洁的一套理论。虽然市面上已经有相关的、非常经典的介绍波浪理论的著作，但是，在本章中，我总是试图用最简洁的文字将波浪理论的关键部分介绍给大家，希望大家能够在实践中不断摸索，不断练习从而掌握这套实用的市场分析与操作方法。

第三章
微观操盘工具总汇

在详细讲解微观操作工具的相关知识之前,我先为大家介绍一下道氏理论的相关知识,因为我的微观操作工具本质上是从道氏理论中衍生出来的。

作为一名优秀的金融市场参与者,相信你对道氏理论并不陌生。道氏理论作为技术分析的鼻祖是当之无愧的,不仅仅是我们这个时代的技术分析者,就是道氏之后的著名操盘手、市场分析大师,或市场理论家,比如:伯纳德·巴鲁克、杰西·利弗莫尔、本杰明·格雷厄姆、拉尔夫·纳尔逊·艾略特等都不同程度的受到道氏理论的影响与教诲。

图3—1 查尔斯·亨利·道
(1851~1902)

为什么说道氏理论是技术分析的鼻祖呢?根本原因是它奠定了技术分析的基础,它的出现使得技术分析有了理论依据,从而使技术分析的应用与拓展成为了可能,而这套理论的创始人就是我们熟知的查尔斯·亨利·道。

道氏及道氏理论

查尔斯·亨利·道 1851 年出生于康涅狄格州斯特林,是道琼斯指数的发明者和道氏理论奠基者,纽约道·琼斯金融新闻服务的创始人、《华尔街日报》的创始人和首位编辑。他是一位经验丰富的新闻记者，早年曾得到萨缪尔·鲍尔斯的指导，后者是斯普林菲尔德《共和党人》杰出的编辑。

我们通常所提及的道氏理论，实际上是已故的查尔斯·亨利·道和威廉·彼得·汉密尔顿共同研究市场的智慧结晶。

查尔斯·亨利·道是道琼斯公司的创办人之一。他除了向全美提供金融新闻资讯服务以外，还出版《华尔街日报》，并且担任其主编。他首先提出股票指数的概念，于是道琼斯工业指数于1895年诞生，而刚开始由12家铁路股票组成的道琼斯铁路股指数，也就是现在的道琼斯运输指数也于1897年诞生。查尔斯·亨利·道认为：由于美国是一个工业大国，那么工业的繁荣与衰退本身就反应了本国的经济情况。同时，他认为无论是工业生产的原材料，还是工业制成品都必然通过运输工具进行运输，工业的繁荣与否原则上应该得到运输业的验证那才算合理。因此，通过道琼斯工业指数与道琼斯运输指数可以共同判断与确认整个股票市场甚至美国经济的繁荣与衰退的情况。

虽然距离查尔斯·亨利·道去世仅仅只有5年的指数研究资料，但他本人敏锐的判断力与他所提出的对股票指数的研判标准在当时却是相当超前和实用的。虽然他本人并没有称自己的理论为道氏理论，但他的一位好友 S.A. 纳尔逊却试图这样做，纳尔逊在查尔斯道去世之前想以道氏的名义出版一本股票市场投机入门的书，但查尔斯·亨利·道当时忙于他的华尔街日报的编辑工作而并未同意，于是该书于道氏去世后的1903年出版，《股票市场投机入门》提出了道氏理论的基本概念。查尔斯·亨利·道去世后，汉密尔顿作为他最得力的助手和接班人接替了查尔斯·亨利·道成为华尔街日报的第二任编辑。汉密尔顿辞世于1929年，在此之前的20年间，他为《华尔街日报》做出了辉煌卓越的贡献。汉密尔顿发展了他称之为道氏理论的"含义"。对汉密尔顿来说，股票市场是商业的晴雨表。而且常常能预示自身可能的未来发展趋势。汉密尔顿展现出了阅读这个晴雨表的出色技巧,并时常把他对股市晴雨表的解读及其理由根据的文章,以"股市价格运动"的社论标题刊登发表在《华尔街日报》上。

查尔斯·亨利·道自己对股票市场理论的表述,仅集中表现在 1900~1902 年间所写出的若干社论文章里。1922 年,汉密尔顿出版了《股票市场晴雨表》,这是一本基于查尔斯·亨利·道的股票市场价格运动的理论,同时也是进行市场预测价值研究的书籍。其理论的资料源泉就是《股票市场晴雨表》以及他的大量报刊评论。雷亚先生作为查尔斯·亨利·道以及汉密尔顿的崇拜者,他通过对道氏和汉密尔顿所写社论文章的仔细认真研究,对阐明道氏理论,使其能为个人投资者或投机人服务,做出了宝贵的贡献。

现在我们市面上能看到的就是雷亚先生所著的《道氏理论》,这对我们深入研究道氏理论提供了有力的帮助。自雷亚之后,道氏理论慢慢地被大众所遗弃,就连当时的华尔街风云人物——江恩本人也认为道氏理论已经过时,其实,这是对道氏理论的误判。我认为道氏理论并未过时,而且他的理论精髓正等待着我们去进一步的开发与探索,而道氏理论的根本重点或者说他永远不倒的三面旗帜,就是道氏理论的三个假设。

一、道氏理论的三个假设

第一个假设:人为操纵。

道氏理论指出,市场操纵对于市场价格的短期波动是可能的,对于次级折返运动,市场操纵的影响就比较有限了,但是市场的主要趋势是绝不会被操纵的。

这条假设主要投射出以下几点信息:

（1）市场在很短期的波动时点存在人为操纵的可能性（当然，已经证明确实存在，比如人为操纵触发止损）。

（2）市场长期的趋势是绝不会被操纵的，也是不可能被操纵的。

（3）虽然市场长期趋势不可能被操纵，但是，却可能受短期的人为操纵的影响，而使市场波动剧烈程度发生改变。

鉴于对以上信息的考虑，在操盘过程中，我们应该注意以下几点：

（1）设定止损的时候，要有更为精明的设定方法（这在后续章节会进行详细介绍）。

（2）由于市场的主要趋势是不可能被人为操纵的，因此，我们在做交易的时候一定要放开胆量，相信我们经过实践证明为可行的方法，不要犹豫不决，而要果断的按照交易原则执行交易。

第二个假设：市场指数会反映一切信息。

道氏理论指出，每一个参与金融市场的人，他的所有希望、失望和知识，都会反映在股票价格指数中。正因为如此，即将发生的事件的影响（不包括天灾人祸），平均价格指数总是会将其消融在它的运动之中，平均价格指数会对像"9·11"事件或地震这样的灾难进行快速评估。

这条假设投射出以下几点信息：

（1）市场提前消融了全部对价格有影响的信息。

（2）既然市场是全部信息的综合反馈，那么根据单个信息对市场进行评估都是幼稚的。

（3）天灾人祸等突发性事件会对市场产生突变性的影响。

鉴于对以上信息的考虑，在操盘过程中，我们应该注意以下几点：

（1）客观果断地运用技术分析对市场进行评估，而不要因单个基本面因素对市场采取行动。

（2）由于天灾人祸是无法预知的，因此，设立止损对操盘的安全性来说是很有必要的。

第三个假设：道氏理论并非总是正确的。

道氏理论指出，道氏理论并不是击败市场的不败系统，要使道氏理论对成功的投机有所帮助，需要严肃认真的学习研究和没有偏见的搜集证据资料，当主观使用它时，就会不断犯错，不断亏损。

这条假设主要投射出以下几点信息：

（1）道氏理论并不像数学一样是一门精确的科学，它是一门实践性的科学。

（2）在市场中无论运用任何方法或技巧，都是一场概率的游戏，一定要综合各方面信息去思考和验证，从而做出最终的客观论断。

（3）无论学习哪一种市场操作技巧或方法，都必须严肃认真的学习研究，切不可任凭自己的主观意愿去行事。

鉴于对以上信息的考虑，在操盘过程中，我们应该注意以下几点：

（1）由于金融市场中的理论与方法都是实践性的科学，因此，我们只有在实践中不断运用与练习，才能更好地掌握它们。

（2）由于金融操盘是一种概率性的游戏，因此，此处再次提醒我们在操盘过程中一定要设立止损。

了解了道氏理论的三个假设，接下来我们看一下道氏理论的三种走势。

二、道氏理论的三种走势

道氏理论的三种走势其本质就是市场运行的三种趋势，即主要趋势、次级折返趋势以及短期趋势。

主要趋式就是指，股市整体的基本趋势，也就是广为人知的牛市或熊市，经历的时间从少于一年到几年的时间不等。

次级折返趋势是指，牛市中的重大下跌走势或者熊市中的重要上升走势。次级折返趋势的持续时间通常是三周到数月不等。

短期趋势是指，价格的日间波动走势，同时道氏理论指出价格的日间波动是没有逻辑性的。

大家是否注意到这三种趋势的定义是一种宏观性的概念，或者说是一种事后总结性的概念，这种趋势的定义对我们具体操作并没有多大帮助。为了能让趋势的定义更具有可操作性，我将趋势根据形态与相对时间的不同分别做了定义。这些我将在后续章节做详细说明。

微观操作工具详解

上一章我为大家详细地介绍了宏观操作工具的相关知识，在多年的实盘操作中，我发现单独凭借波浪理论这一宏观操作工具虽然有时候可以很精确地指出价格到达的具体点位，但是，大多数情况下由波浪理论得出的结果仅仅是一套执行策略或一个价格区间。为了使得我们的入场与出场点位更加明确，更具有可操作性，我总结了一套非常实用且具有绝对一致性的微观操作工具与策略，这套工具与策略能够很清楚地告诉我们以下两点信息：

（1）能够明确此刻的价格走势是继续保持良好，还是可能或正在发生改变；

（2）能够明确具体的入场位、出场位、止盈点以及止损点。

接下来我就为大家具体介绍一下微观操作工具的相关知识。

三、K 线简介

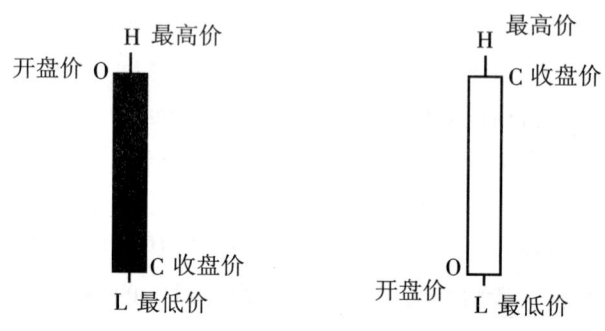

图 3—2　K 线标示图

K 线图起源于日本德川幕府时代（1603～1867 年）的稻谷市场。被当时日本米市的商人用来记录米市的行情与价格波动，后因其细腻独到的标画方式而被引入到股市及期货市场。由于用这种方法绘制出来的图表形状颇似一根根蜡烛，因此也叫蜡烛图表，加上这些蜡烛有黑白之分，因而也叫阴阳线图表。

那为什么又叫 K 线呢？实际上，在日本的"K"并不是写成"K"字，而是写做"罫"（日本音读 kei），K 线是"罫线"的读音，K 线图称为"罫线"，西方以英文第一个字母"K"直译为"K"线，由此发展而来。

1. 单根 K 线

如图 3—2 所示，一根 K 线包括 5 个要素，分别是时间、开盘价、收盘价、最高价以及最低价，现分别说明如下。

时间（Time）：在绘制 K 线图表时首先考虑的就是时间要素，即首先确定要绘制哪个时间周期的 K 线，具体是 1 分钟、5 分钟还是 1 小时、1 周……都要事先确定。

开盘价（Open）：开盘价是在选定的时间周期范围之内，价格变动的开始时刻的报价。

收盘价（Close）：收盘价是在选定的时间周期范围之内，价格变动的结束时刻的报价。

最高价（High）：最高价是在选定的时间周期范围之内，价格变动的最高报价。

最低价（Low）：最低价是在选定的时间周期范围之内，价格变动的最低报价。

2. 确定性 K 线与不确定性 K 线

在我的宏微观交易系统中，我将单根 K 线分为确定性 K 线与不确定性 K 线。具体区分标准为，当 K 线实体部分大于或者等于整个 K 线高度的 2/3 时称之为确定性 K 线，反之则为不确定性 K 线。如图 3—3 所示。

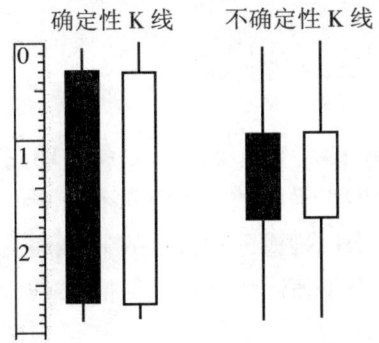

图 3—3　确定性 K 线和不确定性 K 线

按照以上区分标准，我们常见的单根 K 线形态中的纺锤线、十字星、蜻蜓十字星、墓碑十字星、锤子线等等，皆为不确定性 K 线。如图 3—4 所示。

我之所以将单根 K 线按照以上标准区分为确定性 K 线与不确定性 K 线，是因为以下几点原因：

（1）经过多年的实践经验得出，单根 K 线形态已经不具有对现在的市场走势进行研判及指导意义。

（2）为突破形态建立起模式标准（这在后续部分会详细说明）。

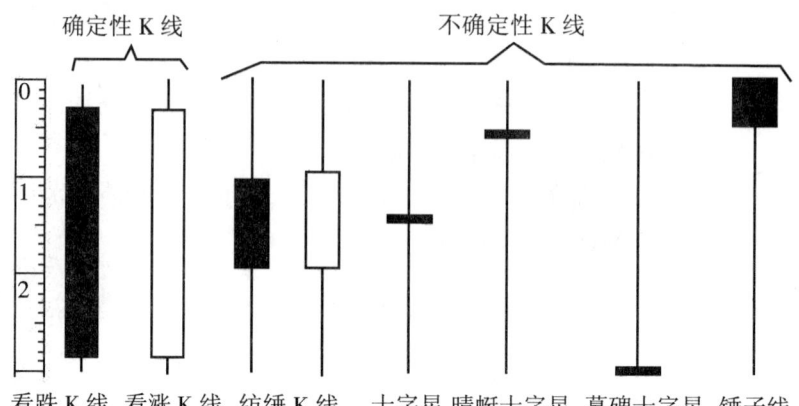

图 3—4 确定性 K 线和不确定性 K 线

四、六种经典 K 线组合详解

经过多年的实盘操作，我发现在市场中凭借单根 K 线形态要做出正确的做单决定几乎是不可能的，而只有几根 K 线组合起来，构成一种特定的 K 线组合形态，才会对我们的操作有参考价值，当然单单凭借 K 线组合就直接做出做单决定也是不明智的。即便如此，在长期的实践中，我发现在上升与下降趋势中分别有三种 K 线组合能够给我们的操作提供参考，并且成功的概率相对较大。

上升趋势中的三种典型的 K 线组合形态：

1. 启明星形态

启明星形态的组成：从左往右我们看到，首先会出现一根确定性的阴 K 线，紧接着，会出现一两根或两三根不确定性的阳 K 线或阴 K 线，然后出现一根确定性的阳 K 线，向上穿越前面的确定性的阴 K 线实体部分的至少一半以上。如图 3—5 所示。

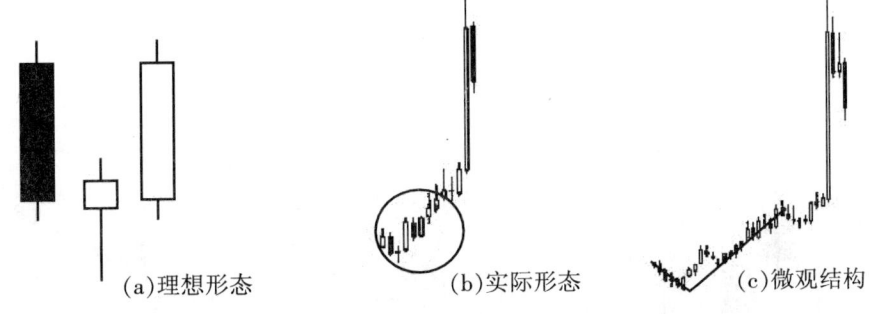

(a)理想形态　　　　(b)实际形态　　　　(c)微观结构

图 3—5　启明星形态

在理想形态中确定性阴 K 线之后的不确定性 K 线仅仅只有一根十字星或类似十字星型 K 线，然而实际形态中，常见的却是出现两三根或者三四根不确定性的 K 线。

微观结构：大多数为对称的 V 字形。

K 线组合中的微观结构是指：如果你发现确认的 K 线组合形态在相对长一点的时间周期中，比如 4 小时或 1 小时，那你可以在 30 分钟或 15 分钟中看到它的微观结构。如图 3—5 所示。

在 K 线组合中，我提出微观结构的概念只有一个目的，那就是可以对我们所确认的 K 线组合起到验证作用。

大众心理分析：启明星形态所反射出的大众心理是，刚开始的时候，整体来看肯定是空方占有绝对优势，这可以由那根确定性的阴 K 线得到确认。紧接着，多方发起了强大攻势，在这场战役中，多空双方曾经都占据过绝对优势，但最终多空双方还是势均力敌，基本上打了个平手。然而当接下来，多空双方再次开战之时，显然，多方取得了这场战役的最终胜利，这可以由那根确定性的阳 K 线得到确认。

2. 看涨吞没形态

看涨吞没形态的组成：从左往右我们看到，首先会出现几根确定性的阴 K 线，这几根确定性的阴 K 线之间允许夹杂不确定性的阳 K 线或阴 K 线，但是最后一根阴 K 线必须是确定性的。接着出现了一根确定性的阳K线向上吞没了和它相邻的确定性的阴K线，以及该确定性阴K线之前的一根K线高度的至少一半以上。如图3－6所示。

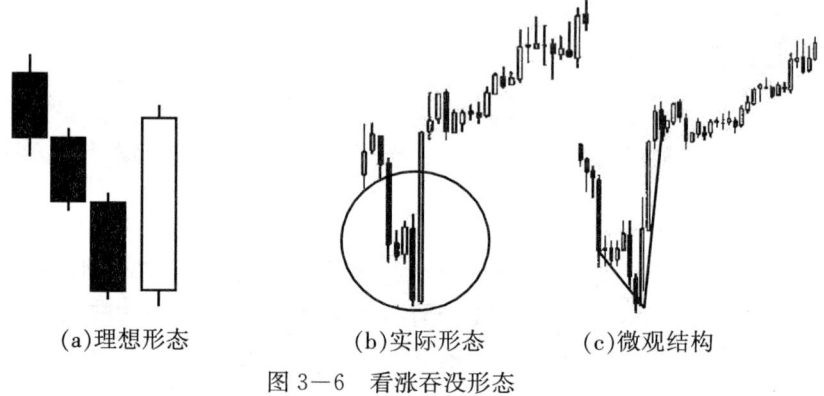

(a)理想形态　　　(b)实际形态　　　(c)微观结构

图3－6　看涨吞没形态

微观结构：大多数为V字形，但该V字形与启明星形态的微观结构有所区别，就是该V字形的右边部分要陡直一些。如图3－6所示。

大众心理分析：看涨吞没形态所反射出的大众心理是，刚开始的时候，从整体战况来看，显然是空方占有绝对优势，这可以通过最后的那根确定性的阴K线得到确认，然而，前面的数场战役多方显然是在佯攻从而保存了实力，当时机成熟时，多方以压倒性的优势击败空方，空方几乎没有还手的余地。这可以从那根确定性的阳K线得到确认。

3. 升势双夹形态

升势双夹形态的组成：从左往右我们看到，出现了一堆确定性或不确定性的K线。这堆K线有一个特点，就是两端的两个K线的最低端刚好相等，或者相差不多（1～3点左右）。如图3－7所示。

微观结构：升势双夹形态的微观结构其实质是老技术派常说的W底形态。如图3－7所示。

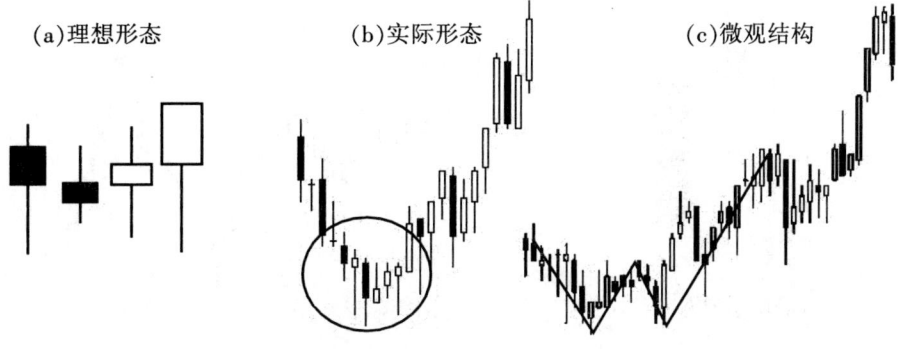

(a)理想形态　　　(b)实际形态　　　(c)微观结构

图3—7　升势双夹形态

大众心理分析：升势双夹形态所反射出的大众心理是这样的，刚开始的时候，空方占有很大的优势，将价格压到了一定的低位。紧接着多方发起了反攻，当多方将价格拉升到一定程度时，空方又一次占据优势，将控制权暂时性的从多方夺取。然而这次空方显然已经是强弩之末了，当空方再次将价格压低到前期的低点附近时，空方已经耗尽了所有的气力。就在这个时候，多方再次发起攻击，当多方将价格拉升到前期反弹高点之上时，多方最终赢得了本次战役的胜利。

以上是三种常见的看涨K线组合，接下来我们看一下与三种看涨K线组合相对应的三种看跌K线组合。

4. 黄昏星

黄昏星形态的组成：从左往右我们看到，首先会出现一根确定性的阳K线，紧接着，会出现一两根或两三根不确定性的阳K线或阴K线。然后出现一根确定性的阴K线，向下穿越前面的确定性的阴K线高度的至少一半以下。如图3—8所示。

微观结构：倒置的对称V字形。如图3—8所示。

大众心理分析：黄昏星形态所反射出的大众心理是这样的，刚开始的时候，整体来看，肯定是多方占有绝对优势，这可以由那根确定性的阳K线得到确认。紧接着，空方发起

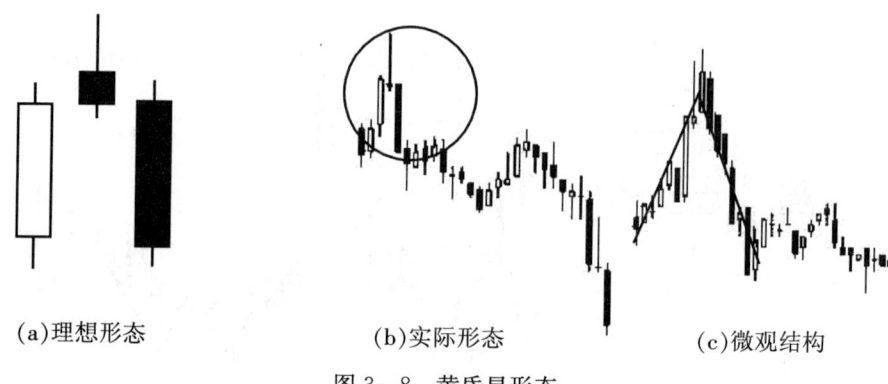

图 3－8　黄昏星形态

了强大攻势，在这场战役中，多空双方都曾经占据过绝对优势，但最终多空双方还是势均力敌，基本上打了个平手。然而接下来，多空双方再次开战之时，显然空方取得了这场战役的最终胜利，这可以由那根确定性的阴 K 线得到确认。

5. 看跌吞没

看跌吞没形态的组成：从左往右我们看到，首先会出现几根确定性的阳 K 线，这几根确定性的阴 K 线之间允许夹杂不确定性的阳 K 线或阴 K 线，但是最后一根阴 K 线必须是确定性的。接着出现了一根确定性的阴 K 线，向下吞没了和它相邻的确定性的阳 K 线，以及该确定性阳 K 线之前的一根 K 线高度的至少一半以下。如图 3－9 所示。

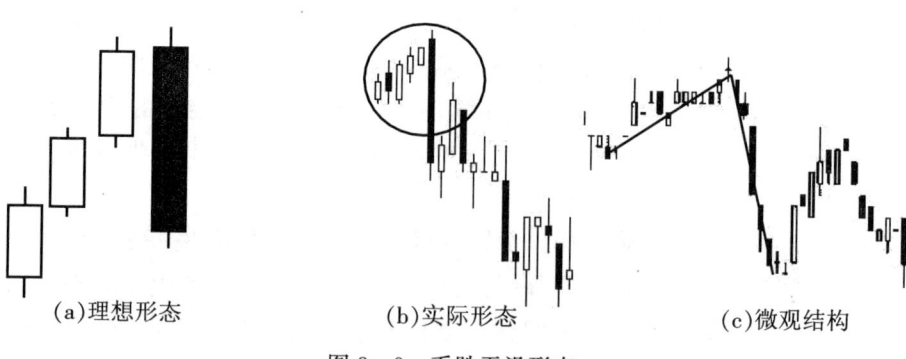

图 3－9　看跌吞没形态

微观结构：看跌吞没形态的微观结构大多数为倒置的 V 字形，但该 V 字形与黄昏星形态的微观结构有所区别，就是该 V 字型的右边部分要陡直一些。如图 3—9 所示。

大众心理分析：看跌吞没形态所反射出的大众心理是，刚开始的时候，从整体战况来看，显然是多方占有绝对优势，这可以通过最后的那根确定性的阳 K 线得到确认。然而，前面的数场战役空方显然是在佯攻从而保存了实力，当时机成熟时，空方以压倒性的优势击败多方，多方几乎没有还手的余地。这可以从那根确定性的阴 K 线得到确认。

6. 跌势双夹

跌势双夹形态的组成：从左往右我们看到，出现了一堆确定性或不确定性的 K 线，这堆 K 线有一个特点就是两端的两个 K 线的最顶端刚好相等或者相差不多（1～3 点左右）。如图 3—10 所示。

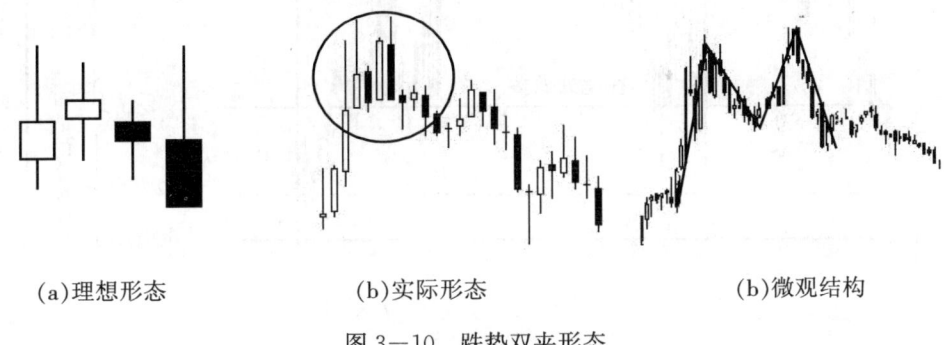

(a)理想形态　　　　(b)实际形态　　　　(b)微观结构

图 3—10　跌势双夹形态

微观结构：跌势双夹形态的微观结构其实质是老技术派常说的 M 顶形态。如图 3—10 所示。

大众心理分析：跌势双夹形态所反射出的大众心理是这样的，刚开始的时候，多方占有很大的优势，将价格拉升到了一定的高位，紧接着空方发起了反攻，当空方将价格压低到一定程度时，多方又一次占据优势，将控制权暂时性的从空方夺取。然而这次多方显然已经是强弩之末了，当多方再次将价格拉升到前期的高点附近时，他们已经耗尽了所有的气力，就在这个时候，空方再次发起攻击，当空方将价格压低到前期回撤低点之下时，空方最终赢得了本次战役的胜利。

K线组合适用于波动规整的上升或下降趋势中，而不适用于波动幅度小于85点＋交易点差及手续费的盘整趋势，此处假设止损幅度不超过20点。

如何计算85点，如图3-11所示。

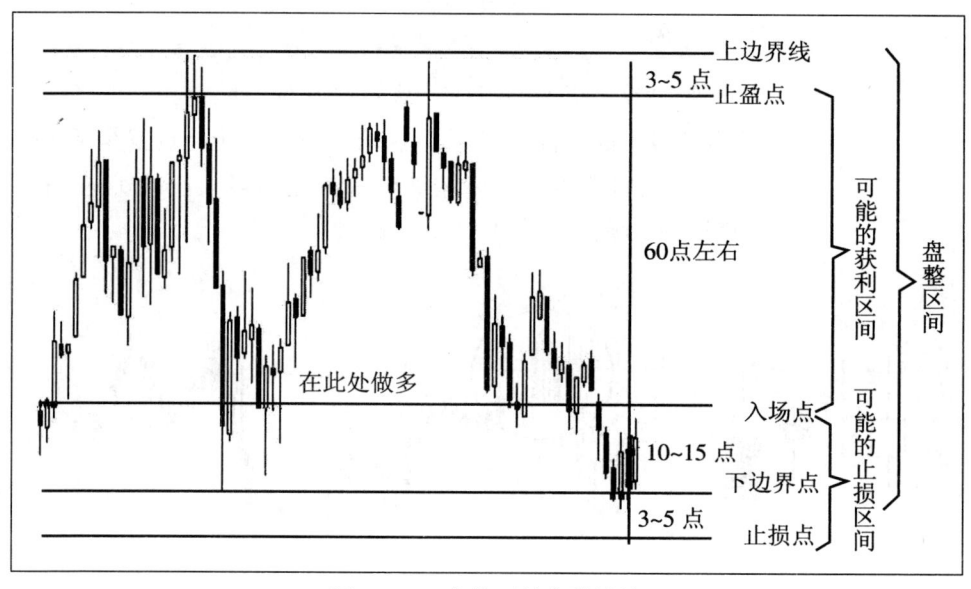

图3-11 盘整区的点数计算

趋势的定义与判断

五、趋势的定义

首先我们来看一下根据趋势形态的不同而进行的趋势定义。

上升趋势：在所考虑的时间区间内，主要的顶部与主要的底部都不断抬高的价格走势。如图3—12所示。

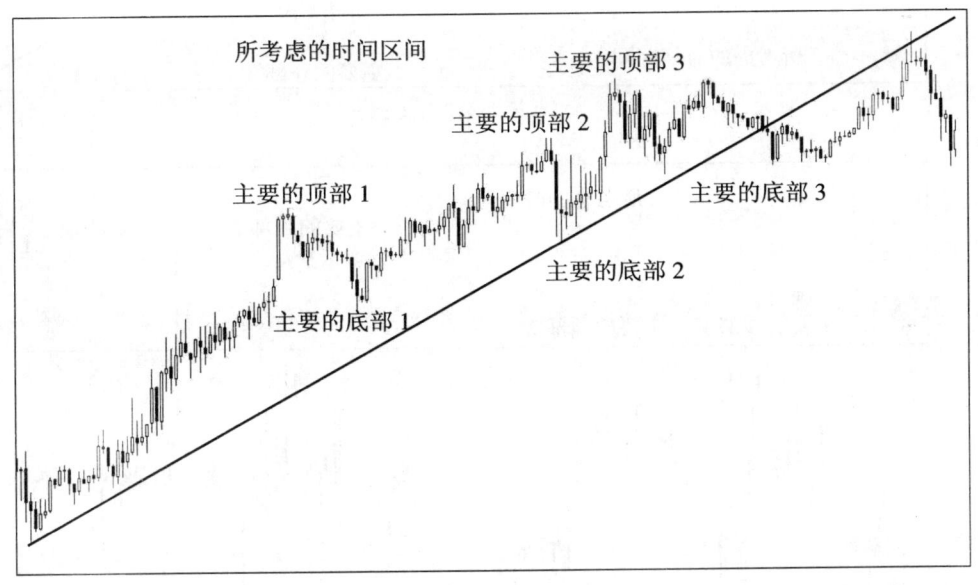

图 3—12　上升趋势

下降趋势：在所考虑的时间区间内，主要的顶部与主要的底部都不断降低的价格走势。如图3—13所示。

盘整趋势：在所考虑的时间区间内，主要的顶部与主要的底部既没有不断抬高又没有不断降低的价格走势。如图3—14所示。

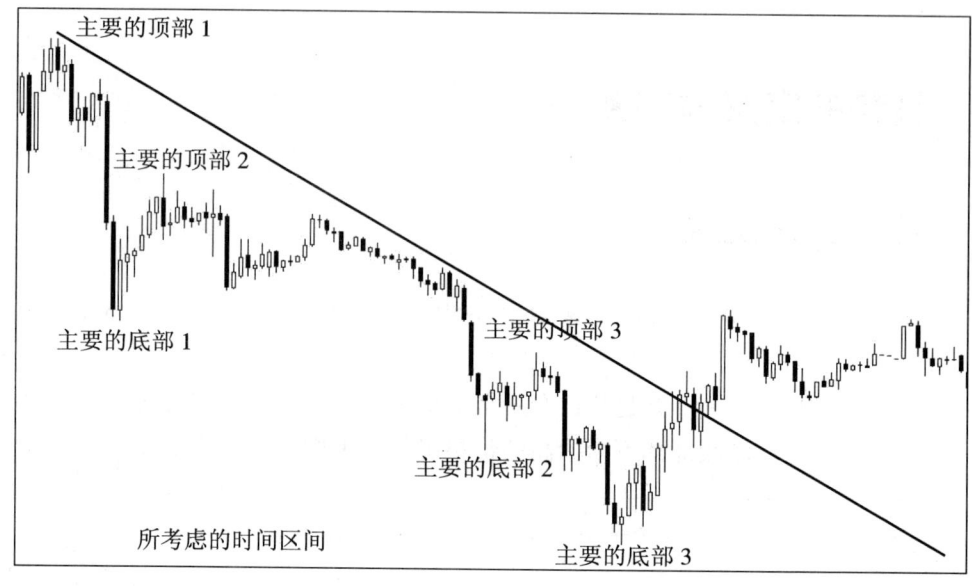

图 3—13 下降趋势

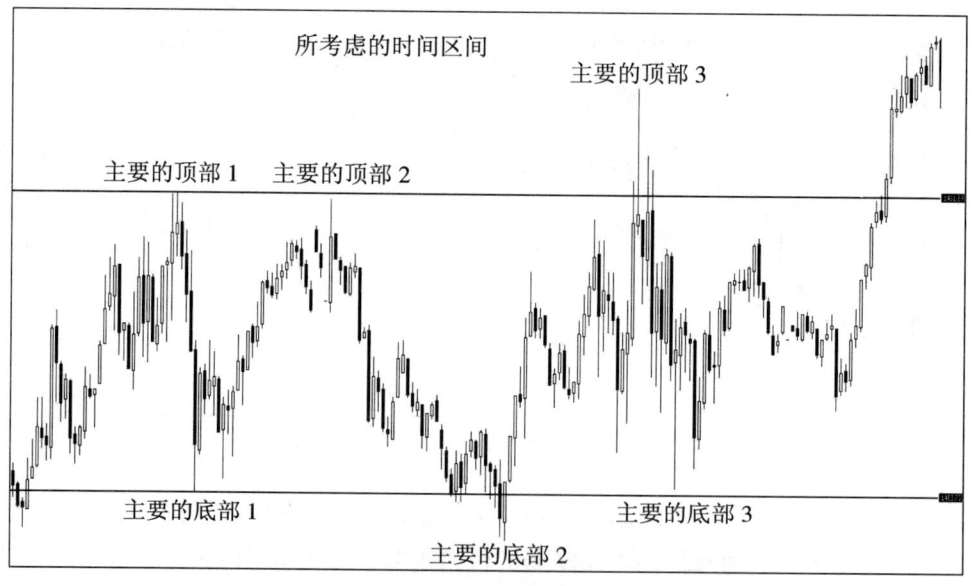

图 3—14 盘整趋势

这种定义能够让我们直观地认识到趋势的本质，从而更好地研判趋势的类型。

根据趋势相对时间的不同，可分为：长期趋势，中期趋势以及短期趋势。道氏理论的趋势定义中也有相对时间的概念，但我的相对时间的概念与道氏的相对时间的概念是截然不同的。我对趋势相对时间的概念，采用从最小的且有可操作性的趋势向外递推的方式，只保留最实用和有可操作性的三种趋势即短期趋势，中期趋势以及长期趋势。

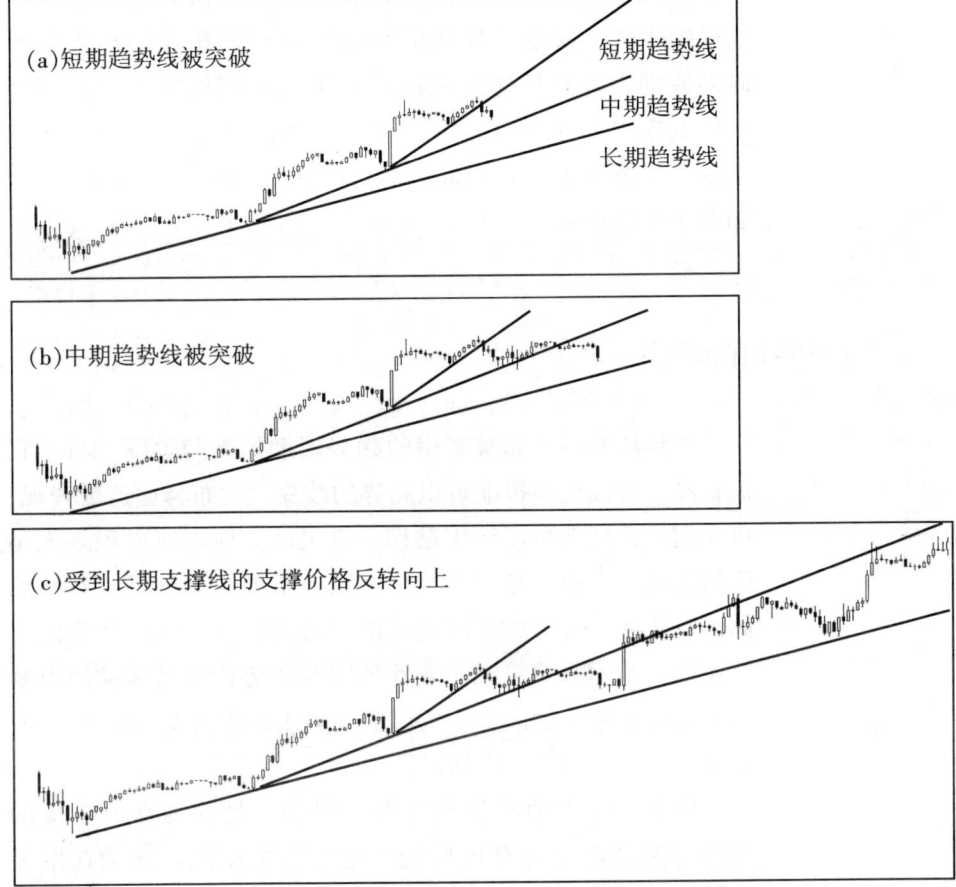

图 3—15　短期、中期、长期三层递推趋势线

如图 3—15 所示，如果短期趋势线被跌破，那么就要看中期趋势线能否给予支撑，如果中期趋势线也被跌破；同理

就要看长期趋势线能否给予支撑，如果长期趋势线都被跌破，那么长期趋势就有改变的可能。具体研判，我会在宏微观操作法章节给予详细说明。

两种趋势的定义方式中，根据趋势形态定义，其目的在于让我们很直观地看出市场价格现在所处的趋势类型，是上升、下降还是盘整；而根据相对时间定义，其目的在于让市场参与者能够对根据趋势形态所辨认的趋势有具体的可操作性。这是一种从最小的且有可操作性的趋势着手向外递推，暂时只递推三层，如果三层都被突破了，那么我们发现三层之外还有更大且有可操作性的趋势存在时，就依次递推下去，直到最后的可操作性的趋势被跌破为止。如图3—15所示。

六、趋势线的画法

趋势线是一种非常实用的趋势辅助研判与追踪工具，它比移动平均线更能提前辨识趋势的改变，比布林通道更客观、更实用，比江恩角度线更贴切、更灵活。而之所以很多人不用趋势线去分析，是因为绝大多数人不能正确的且一致性的画出趋势线，大多数人画的所谓趋势线仅仅反映了大概的趋势走向，并不能用它来一致性的跟踪趋势价格的运动同时辨识趋势可能发生的改变。错误的趋势线画法主要有以下几种。如图3—16与图3—17所示。

图3—16中的趋势线之所以错误，是因为在所考虑的时间区间之内允许有价格的穿越。大家试想，如果在所考虑的时间区间之内允许有价格穿越的话，那么问题是穿越多少才算合适，是1个点、2个点，或是10个点还是20个点，简言之就是没有了标准。俗话说无规矩不成方圆，画趋势线也是一样的，没有了标准，想要一致性的画出趋势

线是不可能的。

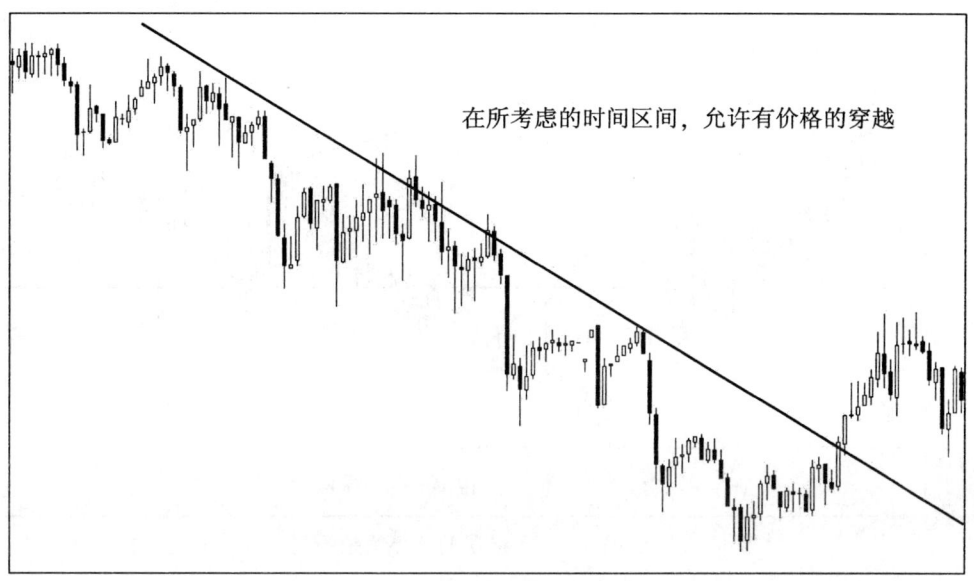

图 3—16　错误的趋势线画法之一

图 3—17 中的趋势线之所以错误，是因为图中所示的下降趋势在标注数字 3 的位置就已经可以确认趋势改变了，但是用这种错误画法的人一直到 M 点才发现趋势可能改变，这样对于一个本来是提前性的趋势研判工具反而变的没有多大用处，且具有了滞后性。

为了一致性的画出趋势线，我们必须采用一致性的标准。首先我们来看一下上升与下降趋势线的定义：

上升趋势线是指，根据上升趋势的定义研判确认所要绘制趋势线的时间区间为上升趋势，连接该时间区间的最低点与最高点前的某一个低点，且在最低点与最高点之间不允许有任何价格穿越的直线。

下降趋势线是指，根据下降趋势的定义研判确认所要绘制趋势线的时间区间为下降趋势，连接该时间区间的最高点与最低点前的某一个高点，且在最高点与最低点之间不允许

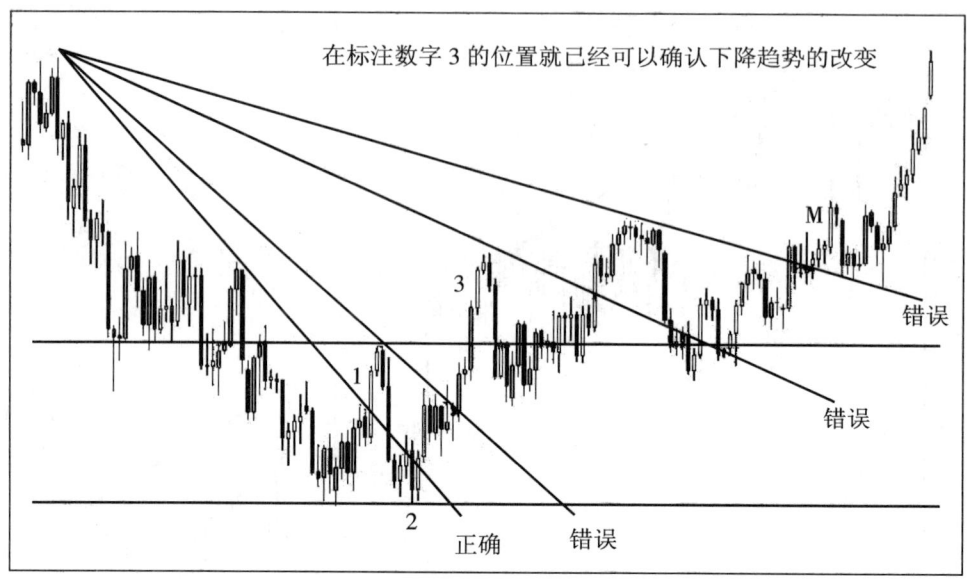

图 3—17 错误的趋势线画法之二

有任何价格穿越的直线。

从以上的一致性标准我们看到,要正确画出趋势线,必须分三步走。第一步,确定需要绘制趋势线的时间区间。第二步,研判该时间区间的趋势类型。第三步,绘制趋势线。

绘制趋势线时必须严格遵守以下标准。第一,绝对不允许有任何的价格穿越。第二,必须是最高点前的某一个低点(绘制上升趋势线时)或者最低点前的某一个高点(绘制下降趋势线时)。而不是最高点之后的某一个低点(绘制上升趋势线时),或者最低点之后的某一个高点(绘制下降趋势线时)。如图 3—18 所示。

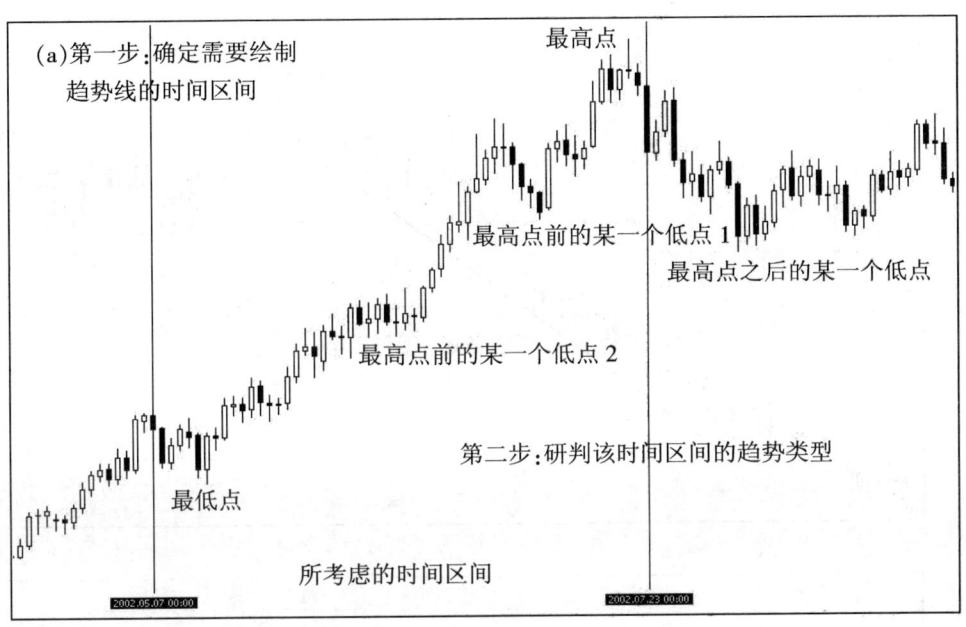

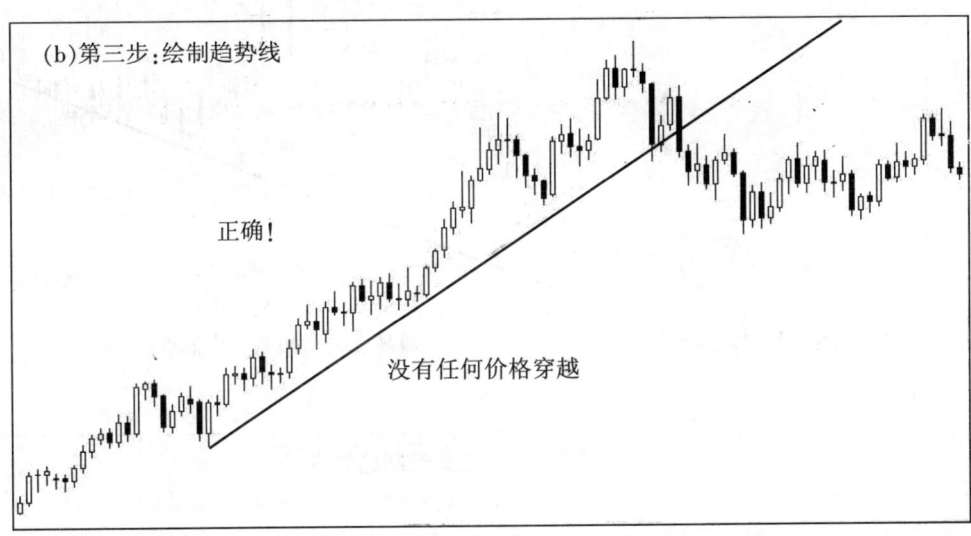

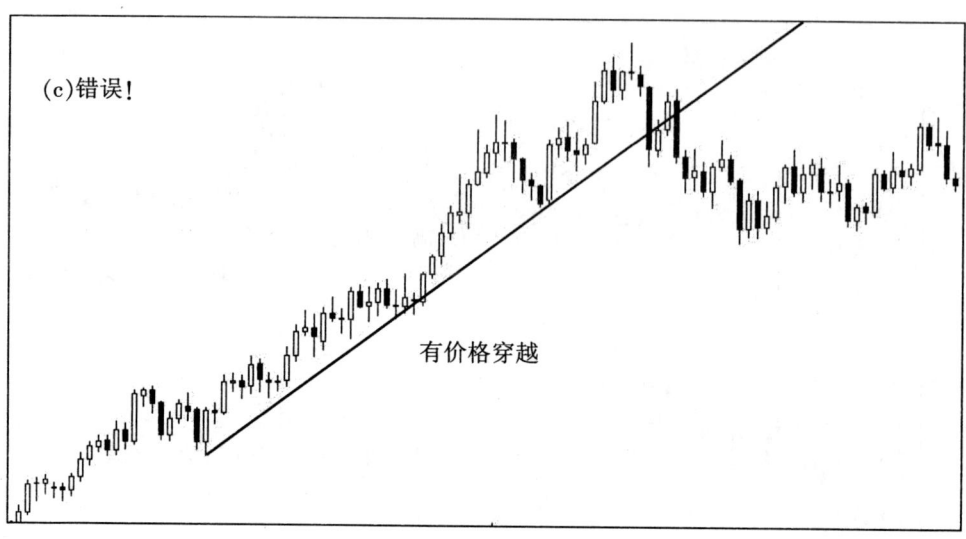

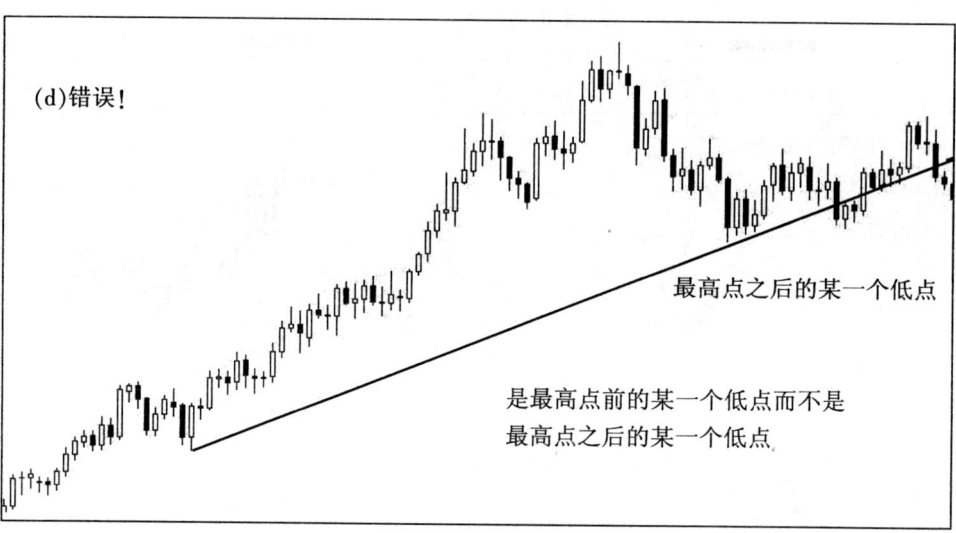

图 3—18 正确绘制趋势线

七、趋势线的强度

在多年的实践中我发现，趋势线的强度与其倾斜角度有着直接的关系，而与价格接触趋势线的次数并没有直接关系。相反，如果价格接触的越多，该趋势线的强度反而越脆弱，越容易形成反转。

实践证明，无论是上升趋势线还是下降趋势线，其倾斜角度越接近45°，其强度就越强。如图3—19所示。

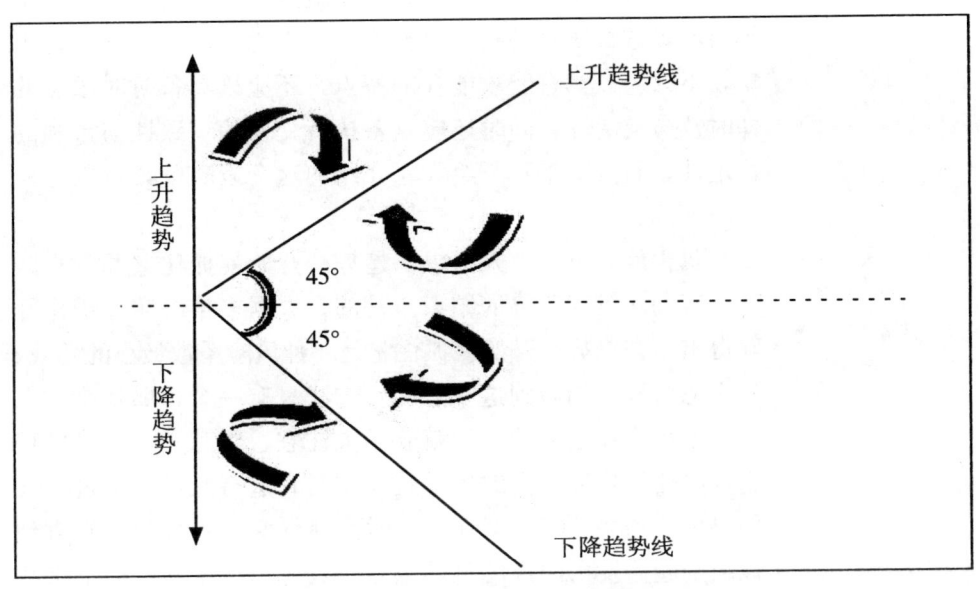

图3—19　趋势线强度示意图

了解了趋势线的强度会使我们在运用趋势线操作的时候，有了一个更加明确的心理预期。当我们每绘制一条趋势线时，就能够清楚该趋势线对价格的支撑或阻力有多大，从而能够更好地预期该趋势线跟踪下的趋势能够走多远。

掌握了趋势的相关知识之后，是否会有人疑问：对于上升或下降趋势我们能够用趋势线这个非常实用的工具去把握，

那对于盘整趋势又有哪些辅助的工具呢？其实，对于盘整趋势当然也有相应工具进行操作，但这些工具需要结合微观操作策略才能够表达的更具体，说明的更完美。

微观操盘策略

八、微观操盘策略概述

所谓微观操盘策略，顾名思义就是综合运用微观操盘工具对市场进行研判的技术操作方法。作为一个完美的交易策略，不仅应该具有能攻能守的特点，还应该具备时时跟踪的即时性与灵活性，同时还应具备执行交易的一致性与盈利的稳定性。而接下来我所给大家介绍的这套策略就具备以上所有的特性。

我相信，每一个人都想在趋势一开始就抓住它并一直跟踪，直到该级别趋势的结束。是的，根据多年的实盘操作经验得出，在趋势一开始就抓住它是一种风险系数最小的游戏，那么怎么样才能做到这一点呢？方法只有一个，那就是在上一个趋势快要结束的时候就开始关注它、跟踪它，一旦发现它发出任何趋势改变的信号就立刻对它进行验证。经过验证如果确认趋势结束，就在第一时间抓住它，并且跟踪它直到该级别趋势发出同样的危险信号。具体怎么做呢？接下来我就为大家介绍一套能够做到这一点的微观操盘策略。

九、研判趋势是否改变的经典法则——1—2—3法则

读过维克多的经典著作——《专业投机原理》的朋友一定知道1—2—3法则，该法则确实是研判趋势是否改变的经

典法则。经过多年的实践与研究，我将该法则进行了深入的剖析，解决了里边的所有关键点问题，将这套法则发展成为放之四海而皆准的经典法则。

首先，我们来看一下维克多的1－2－3法则。

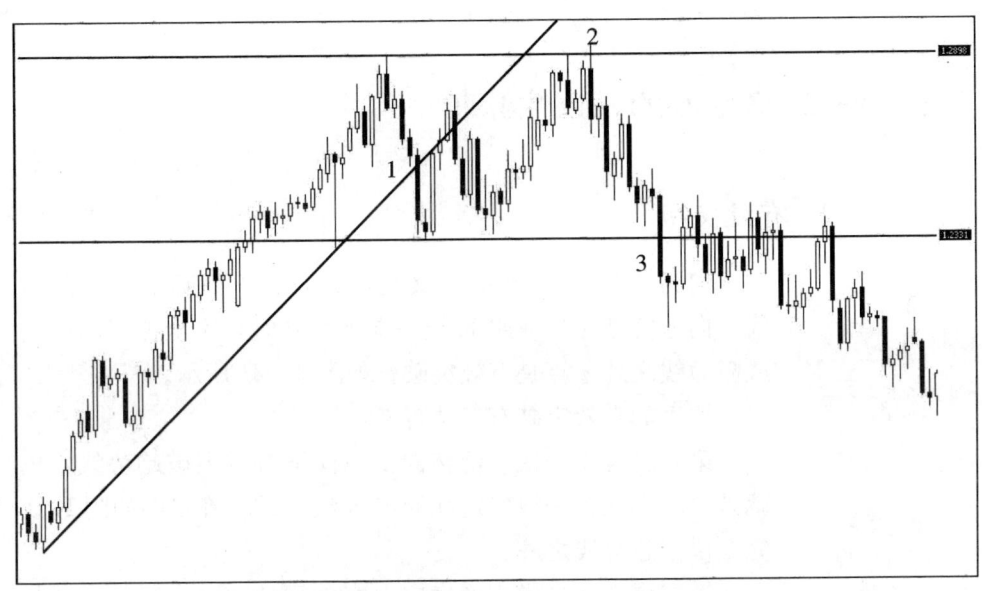

图3－20 维克多的1－2－3法则

如图3－20所示。要判断该上升趋势的改变，维克多先生认为需要满足三个条件：

（1）该上升趋势的趋势线被穿越。

（2）价格试探前期高点失败。

（3）价格向下穿越先前的短期回档低点。

初次接触该法则的朋友很可能感觉该法则是如此的简单又实用，但在运用之后，很多人会发现，似乎和波浪理论的数浪是一样的感觉。那就是事后数浪或者事后观察的时候感觉浪型走的是那么的清晰，或者1－2－3法则反应的是那样的明确，但在当时为什么就没有辨识出或者没有发现呢？我想其中的原因除了自己对相应理论的熟悉程度以外，最普遍和最重要的原因很可能是没有建立起一致性的、细致的标准。

如果有了这样的标准，严格按照标准执行又岂会出现模棱两可的事情。

接下来，我就为大家介绍一下我针对该法则所建立的一致性且细致的标准。

十、1—2—3法则的一致性标准

1. 有效突破

何为"有效"，我的定义是：必须有一根确定性的阳K线（向上突破时）或阴K线（向下突破时）完全位于趋势线或阻力线之外才算是有效突破。如图3—21所示。

这里的有效突破有三层含义：

第一层含义是指，价格向上或向下有效突破趋势线，也就是要求必须有一根确定性的阳K线，或者确定性的阴K线完全位于趋势线之外。

第二层含义是指，价格向上突破且站稳阻力线，也就是要求必须有一根确定性的阳K线完全位于阻力线之上。

第三层含义是，价格向下跌破且有效跌破支撑线，也就是要求必须有一根确定性的阴K线完全位于支撑线之下。

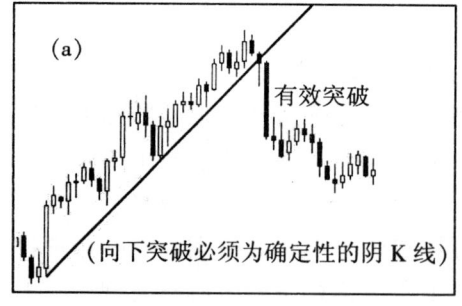

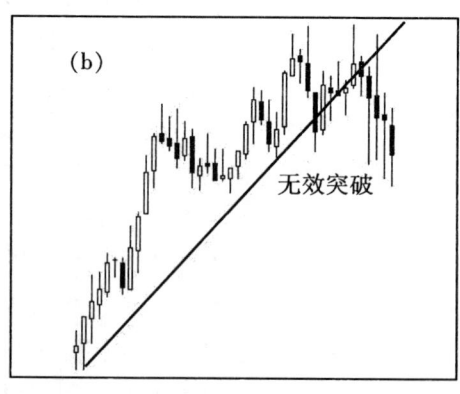

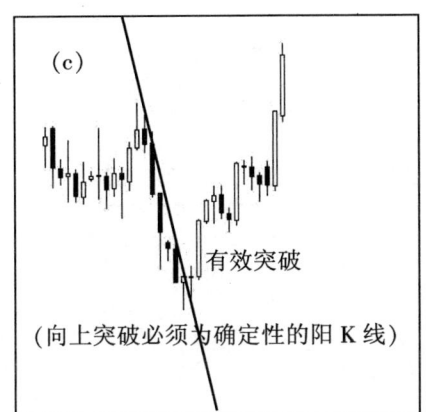
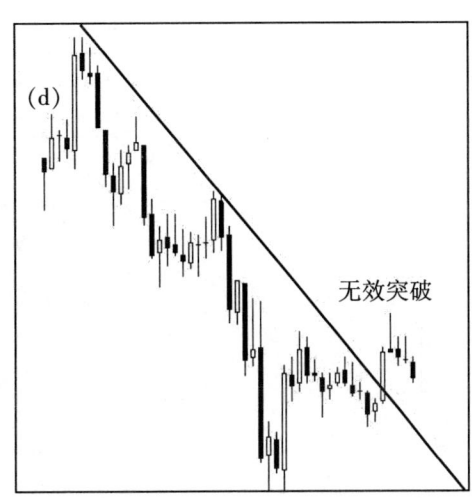
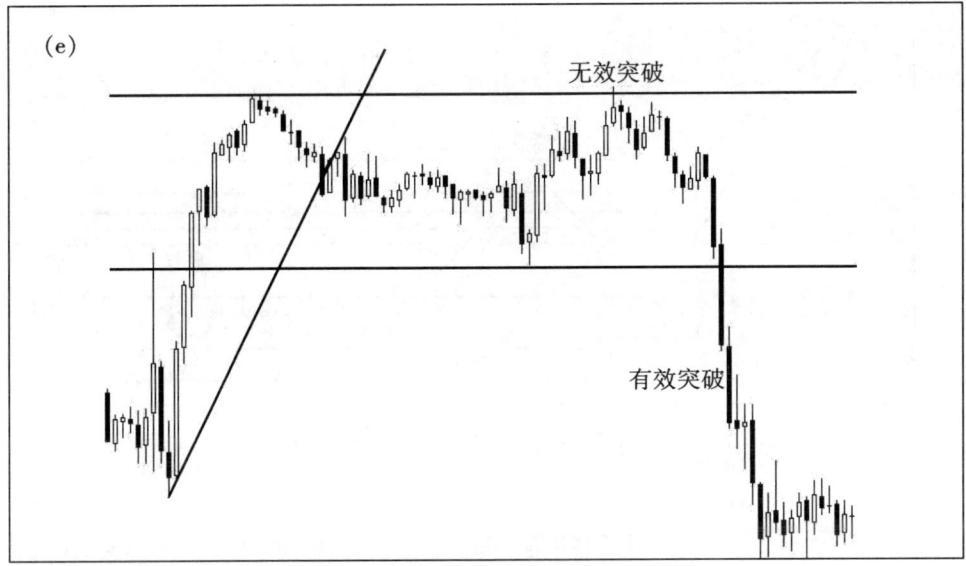

图 3—21 K 线的有效突破

2. 有效反弹与有效回撤

在实践中，我发现价格在试探前期高点或低点的时候，存在三种试探的可能，如图 3—22 所示。

第一种可能是，价格没有反弹或回撤到关键点 A 附近就

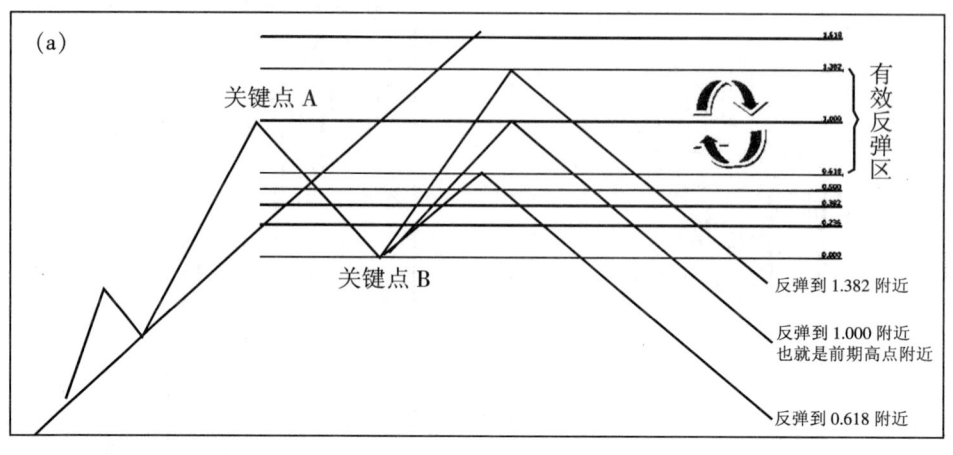

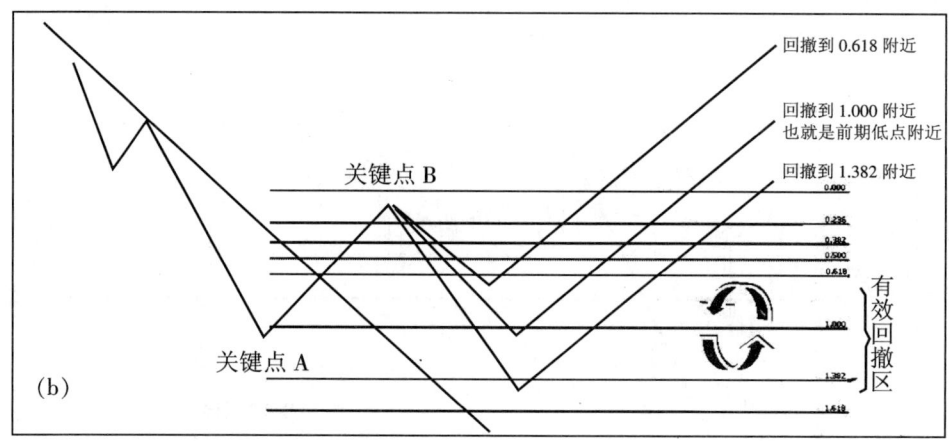

图 3—22 有效反弹与有效回撤

宣告失败。

第二种可能是，价格刚反弹或回撤到关键点 A 附近就宣告失败。

第三种可能是，价格反弹或回撤穿越了关键点 A 后宣告失败。

经过多年的实盘操作实践，我将这种试探的有效性运用统计学的原理进行了汇总，结果正如图 3—22 所示。

我发现，以关键点 A 和关键点 B 之间的区间为基准绘制黄金分割线，当价格反弹或回撤，到达关键点 A 与关键点 B 之间的区间幅度的 0.618～1.382 处，并发出试探关键点 A 失败的信号时，1－2－3 法则中的第 3 个条件才有成功的可能性。同时，价格越靠近关键点 A，其试探失败后，1－2－3 法则中的第 3 个条件成功的可能性就越大（维克多的 2B 法则就属于这种情况）。

知道了这一点，当我们发现所绘制的趋势线被突破之后，首先应该通过关键点 A 画第一条横线（暂时称为第一条横线，后续会给出专门的定义）。接下来当价格开始反弹或回撤的时候，我们不要急着马上画出第二条横线，只有当价格反弹或回撤进入图 3－22 所示的有效反弹或有效回撤区时，我们才能画出第二条横线，然后观看价格在两条横线构成的"舞台"区间进行的"表演"。如图 3－23 所示。

至此，大家是否对我上边提到的关键点 A 与关键点 B 有所疑问呢？接下来，我就为大家详细说明一下它们。

3. 关键点 A 与关键点 B 的定义

关键点 A：在上升趋势线被突破中，关键点 A 是指趋势线被突破之前的价格最高点。在下降趋势线被突破中，关键点 A 是指趋势线被突破之前的价格最低点。如图 3－22 所示。

关键点 B：在上升趋势线被突破中，关键点 B 是指趋势线被突破之后价格出现有效反弹时的最低点。在下降趋势线被突破中，关键点 B 是指趋势线被突破之后价格出现有效回撤时的最高点。如图 3－22 所示。

4. 上方做多轨道线与下方做空轨道线

明确了关键点 A 与关键点 B 的定义，那么经过这两点所绘制的横线又当如何定义呢？经过前面的详细介绍，大家应该清楚地知道了这两条横线的画法。即在研判上升趋势改变

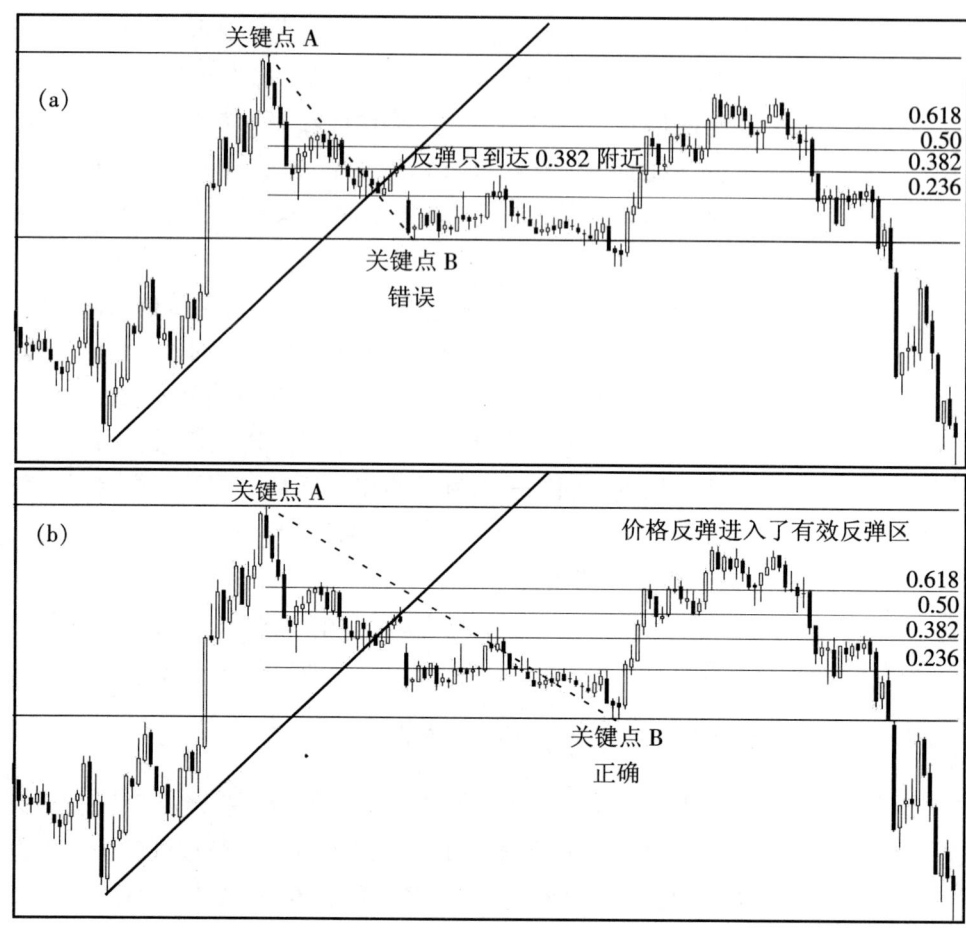

图 3—23 以关键点 A 和关键点 B 画线

时，上面的这条横线是经过趋势线被突破之前的最高点，也就是关键点 A 来绘制的（图 3—24a）；而第二条横线则是经过价格突破趋势线且进行有效反弹时的最低点，也就是关键点 B 来绘制的；而在研判下降趋势的改变时：上面的这条横线我们是经过趋势线被突破之前的最低点，也就是关键点 A 来绘制的，而第二条横线则是经过价格突破趋势线且进行有效反弹时的最高点，也就是关键点 B 来绘制的（图 3—24b）。那么无论是在研判上升趋势的改变时还是在研判下降趋势的改变时，这两条横线有什么共同点呢？是的，我们看到它们最主要也最有意义的共同点就是：当价格有效突破上边的这条直线时，我们可以考虑做多，而在价格有效跌破下面这条直线时，我们可以考虑做空，因此，我统一将上面这条横线命名为上方做多轨道线，而将下面这条横线命名为下方做空轨道线；如图3—24所示。

图3—24　多、空轨道线

有了以上明确的标准，再回过头来对 1—2—3 法则进行解读，我们发现要研判一个趋势是继续保持良好，还是正在发生或者已经发生了改变，只要严格按照以下步骤就能很好地把握。

第一步，为需要研判的趋势绘制趋势线。

第二步，等待价格有效突破该趋势线。

第三步，在价格有效突破趋势线之前的最高点（在研判上升趋势是否改变时）或最低点（在研判下降趋势是否改变时）处标注关键点 A，并经过关键点 A 绘制一条直线。

第四步，等待价格出现有效反弹或有效回撤，并在价格出现有效反弹时的最低点（在研判上升趋势是否改变时）或有效回撤时的最高点（在研判下降趋势是否改变时）处标注关键点 B，并经过关键点 B 绘制一条直线。

第五步，此刻由经过关键点 A 和关键点 B 绘制的两条直线所搭建的价格舞台已经建立，现在就是观看价格表演的时刻。如果你发现价格向上有效突破上方做多轨道线（在研判上升趋势是否改变时），或者你发现价格向下有效跌破下方做空轨道线（在研判下降趋势是否改变时），则确认趋势继续保持良好。反之，如果你发现价格有效跌破下方做空轨道线（在研判上升趋势是否改变时），或者你发现价格向上有效突破上方做多轨道线（在研判下降趋势是否改变时），则确认上升或下降趋势发生改变。

第六步，如果我们确认了趋势继续保持良好，那么我们需要重新绘制趋势线，以跟踪该趋势的运动。如果我们确认趋势发生了改变，我们不仅需要了结先前的顺势仓位还可以考虑反手做单，同时给新的趋势绘制趋势线。

我相信只要大家严格按照以上的操作步骤进行研判，必定能做到进可攻，退可守的完美操作。同时，正是有了如此具体的策略，才为先前介绍的趋势线赋予了完美的追踪功能。因此，我将我所运用的趋势线定义为趋势跟踪趋势线。

5. 趋势跟踪趋势线

在趋势线的画法一节中，我说过：趋势线作为一个非常实用的技术指标，它必须具备趋势辅助研判与趋势跟踪的功能。而对于趋势辅助研判的功能当然是指趋势线在 1－2－3 法则中的运用。

在趋势线的绘制规则中，应强调对于上升趋势线的绘制，一定要选择最高点前的某一个低点，而对于下降趋势线的绘制，一定要选择最低点前的某一个高点。对于这其中的某一个低点或某一个高点当然是以不能有任何价格穿越为标准，那对于最高点或最低点的选择又是以什么为标准呢？对于这个问题请看图 3－25。

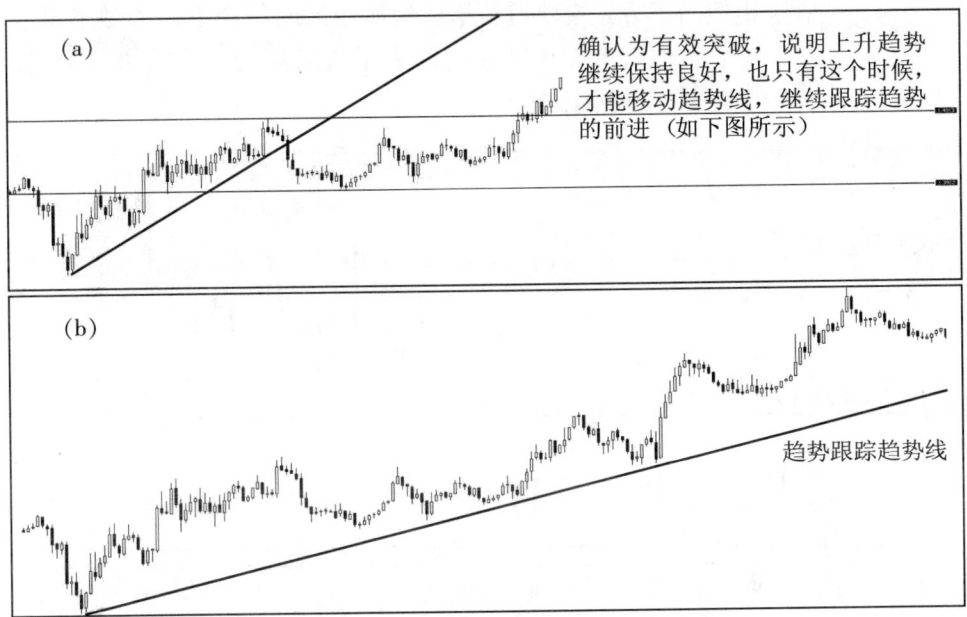

图 3－25　绘制趋势线中高、低点的选择

此处仅以上升趋势为例。从图 3－25 中我们看到，最高点的选择以有效突破为标准。当然，在下降趋势中，最低点的选择也是以有效突破为标准。当价格没有有效突破之前，

先前绘制的趋势线，千万不能有丝毫的移动，切不可在价格还没有确认有效突破之前就将趋势线进行移动，这样随意移动的结果不仅仅是违反了趋势线的绘制规则，同时，使得趋势跟踪趋势线的趋势跟踪功能荡然无存。有了趋势跟踪趋势线的辅助，在实盘操作中，即使不能熟练运用波浪理论预先判断出该趋势行进的终点的大概位置，但我们依然能够跟踪并确认该趋势的结束。

6.1－2－3法则交易中的一些交易技巧

在运用1－2－3法则进行交易的时候，根据由上方做多轨道线与下方做空轨道线构建的价格舞台的区间大小的不同，我们采取了两种操作策略。第一种情况是，当由上方做多轨道线与下方做空轨道线搭建的舞台区间符合下面的做单要求时，可以考虑在该区间内部采用低买高卖的策略进行交易。如图3－26所示。

图3－26 交易点的选择

当图3－26所示的止盈区间的价格点数≥止损区间的价

格点数的 3 倍时，就可以考虑在由上方做多轨道线与下方做空轨道线组成的区间，采用低买高卖的策略进行交易，当然在实际操作中，止损区间还要将点差与手续费考虑进去。

第二种情况是，当由上方做多轨道线与下方做空轨道线搭建的价格舞台区间不符合上面的做单要求时，就要等待价格有效突破之后再进行相应的交易。如图 3-27 所示。

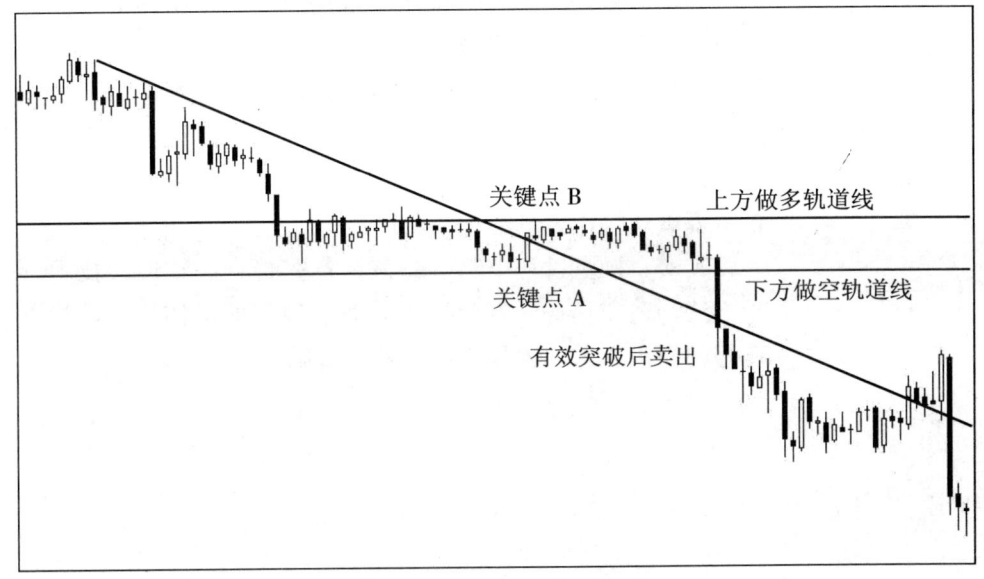

图 3-27　破下方轨道线卖出

从图 3-27 中我们看到，由上方做多轨道线与下方做空轨道线搭建的舞台区间太小，如果我们在该区间内部进行低买高卖的策略进行交易，可能所赚的利润还无法弥补点差及手续费的损失。因此，我们只能等待价格有效突破之后进行做空交易。

微观操作工具虽然不能从整体上来把握市场的格局与框架，但是却能精确且一致性地提供入场点、止损点与止盈点。以上三点是我们入场前必须知道的，缺一不可。知道了这三点，我们可以进一步计算得出止损与止盈比例，如果比例达到要求，就可以考虑入场操作；反之就只有等待新的入场机会的出现。

在多年的实盘操作中,我感觉到市场中的机会与生活中的机会是不一样的。在生活中,等来的那就是命运,争来的那才是机会;然而在市场中争来的往往是亏损,等来的那才是机会。因为市场价格是绝对不以我们个人意志为转移的,不是我们说是什么就是什么,而是一切都由市场说了算。因此,要求大家一定要严格按照微观操作工具发出的信号执行操作,不要急于或盲目做单。

微观操作工具有很多细节需要大家在实盘操作中不断运用才能熟练,且最终达到融会贯通。因此,建议大家坚持用微观操作工具对市场进行研判与分析,只有这样,才能够真正掌握微观操作工具的奥秘!

其实,操盘过程中除了应该具备完善且一致性的技术分析方法,还需具备良好的操盘心态。纯熟的操作技术,加上良好的操盘心态,才是稳定获利的基础。

第四章
操盘心态的培养

作为一名真正成功的操盘手或分析师不仅要具备过硬的操盘知识与分析技巧，更应具备从空仓到平仓各个环节所应有的良好心态。

所谓心态，就是指我们对事物发展的反应和理解表现出不同的思想状态和观点。至于心态的重要性我想我无论如何强调都不过分，一名没有良好心态的手术医师必然处理不好手术过程中出现的各种突发事件；一名没有良好心态的飞行员必然经不起飞行实战中突如其来的各种考验；而一名没有良好心态的操盘手或分析师也必定处理不好千变万化的市场给他（她）突如其来的打击与考验。因此要想成为一名真正成功的操盘手或分析师，就必须具备良好的心态。

过硬的操盘技术是一个硬件，而良好的心态则是一个软件。前面各章节所讲的操作技术就是硬件，操盘的整个环节中的心态就是软件。

图 4－1　操盘环节

首先让我们将操盘过程进行一下细分，如图 4－1 所示，操盘过程主要由空仓环节、分析环节、跟踪环节、入场环节、监视环节、出场环节以及总结环节七个部分组成，在这七个环节中，每一环节都有不同的操盘心态要求。多年的实盘操作经验得出，调整好每一环节的心态，对于操盘成功具有非常重要的意义，下面我们就来看一下操盘各环节都应该具备哪些良好的心态。

1. 空仓时应具备的心态

当你没有持仓或空仓时，你应该具备的良好心态：中立与平静。

具体来说就是当你没有对市场进行分析之前，你是没有发言权的，此时此刻发生的任何基本面事件都不应该对你产生一丝一毫的触动，你可以平静地去浏览任何与市场有关的信息与知识，但在没有深入地分析市场之前你必须保持中立。假如此刻发生的基本面事件按经济学原理应该是一个利好的消息，但如果市场正好处于超买状态，且已发出明显的趋势反转信号，你难道要随着自己的心理偏向急忙做多吗？显然这样做的结果只能让你蒙受损失。

2. 分析市场时应具备的心态

当你结合基本面消息对市场分析时，你应该具备的良好心态：冷静、客观、全面以及警觉。

当你对市场进行分析时切记要冷静与客观，断不可因为市场价格变化迅速而急不可耐，草草分析，急切入市。记得有一次，我正持有 GBP/USD 的多头头寸，市场已经持续牛市达 3 个星期了，之后突然迅速向下，但并没有突破我的最新趋势跟踪趋势线，而且也没有发出趋势改变的信号。我当时并没有做具体的分析就马上平仓并改持空头仓位。当我刚进去，市场就反抽回去，然后继续保持向上趋势，这种向上趋势足足持续了 6 个星期才发出趋势改变的信号。

然而我当时心里只是想，这牛市已经持续了 3 个多星期了，应该要结束了。然而，市场中没有应该的事情。当我由于市场瞬间的向下运动而改持空头头寸时，我的心态就是极不冷静，缺少良好的客观分析心态。幸亏我的止损单救了我，不然我前期积累的收益就付之东流了。

当然，分析市场时更少不了全面分析的心态，所谓全面分析就是指我们在做出持仓指令之前，一定要结合市场基本面的重要信息，以及技术面的各种方法与技巧对市场进行全方位的分析与论证。绝不可因为单一的信息就草率做出持仓决定。更不能因为要冷静、客观与全面地分析市场，而对市场发出的危险或提示信号保持拖延或滞后。总之在分析市场的时候，我们要尽可能保持冷静、客观与全面的心态，同时也要时刻保持警惕心态，对市场发出的各种有用的危险或提示信号及时做出评估，并迅速做出决定。

3. 跟踪市场时应具备的心态

当你对市场进行冷静、客观与全面的分析之后，你发现市场可能出现有利可图的信号，因此，你决定对市场进行跟踪。跟踪市场时应具备的良好心态：耐心与警惕。耐心的心态要求我们在跟踪市场的时候一定要沉得住气，时刻保持耐心，断不可在市场还没有发出有利可图的信号时就草率入市。同时，我们更要时刻保持警惕的心态，对市场发出的有用信号做出及时反应，并迅速做出决定。

4. 入场时应具备的心态

入场时应该具备的良好心态：及时与勇气。

当你跟踪市场直到它发出入场信号的那一刻，你一定要有足够的勇气并及时做出决定，切不可优柔寡断，迟迟而不入市，从而错过了大好的赚钱机会。江恩说过：延误是危险的！因此，当你的分析结果显示应该马上入市时，你一定要鼓起勇气及时入市，且不能有半点的延误。记得有一次我的分析结果显示，EUR/JPY 的趋势有可能改变，当时它正在展开对前期低点的试探。由于这一低点与前期高点相差只有不到 30 点的区间，因此，如果该低点经得起考验，价格迅速反弹，则很容易突破前期高点这一关键点，从而发出趋势真正改变的信号。由于我的止损规则规定我的最大止损范围为

30~50点之间，因此我必须在前期高点被真正突破之时及时入市。所以，我必须全神贯注地紧盯市场。然而，天有不测风云——网断了，天哪，这个破网！我马上打电话给网络公司，问怎么回事，他们的回答是帮我在后台刷新一下应该就可以了，我就叫他们马上帮我刷新，然而等我检测到网络连接正常并重新打开交易软件的时候，市场已经突破了前期的高点并向着我预测的方向径直前进了120点左右。哦，天哪！现在的价位距离我预测的第一止盈点已经不到30点的距离，现在贸然入市，那止损与止盈的比例必然大于3，所以，我只有决定放弃这次入市的机会。

这次虽然是天灾，但却说明了入市及时的重要性。因此，必须坚守准时入市的原则，绝不可延误，因为延误是危险的。

5. 监视市场时应具备的心态

监视市场与跟踪市场时所应具备的心态是一致的，都必须有足够的耐心与积极的警惕性，两者所不同的是：跟踪市场是为入市做准备，而监视市场是为出市做准备。

6. 出市时应具备的心态

出市时应该具备的良好心态：沉着与果断。

当你监视市场突然发现市场闪烁着危险的出市信号，这一刻，你必须沉着、果断地做出出市决定。如果你的仓位是处于盈利状态，当市场发出危险信号时，为了保存最大利润，你必须采取行动，平掉仓位。如果你的仓位已经处于亏损状态，你更应该冷静、及时地平掉仓位。虽然说结果是亏损的，你也要欣然接受，因为金融交易是一场概率游戏，不可能每次下单都是盈利的。就像有句谚语说的，你可以赢得一场赛马，但不可能赢所有的赛马。坦然地接受每一次结果吧，因为无论盈利还是亏损，那都是你宝贵的经验财富。

7. 总结操盘结果时应具备的心态

总结操盘结果时应该具备的良好心态：冷静、客观与全面。

作为一名真正成功的操盘手，每次操盘结束，无论盈利还是亏损，你都应该冷静地对自己的操盘过程进行一次客观、全面的分析与评估，并做好汇总工作，以备以后查阅。经验告诉我，从以前成功或失败的操盘记录中学习是一种最快速、最实用的学习途径。因此，冷静、客观和全面地做好总结工作是很有必要的。而此处的客观，就要求我们将操盘成功或失败的真正原因总结出来，切不可随心所欲，一定要实事求是。同时，一定要从基本面、技术面等各个方面进行系统地、全面地总结并做好备案。

以上部分我为大家讲述了操盘心态的重要性，以及在操盘的各个阶段都应该具备哪些心态。下面就来分析，在操盘过程中如何培养这些心态。

实践证明，良好的操盘心态的培养是一个持久、缓慢的过程，因为它不像掌握技术分析方法一样具有可控性。操盘心态与每个人掌握知识的多寡以及思想的成熟度有直接关系。根据我的研究结果显示，所有心态皆是思想受到知识的触动而产生、发展并逐渐成熟的。因此，要想具备良好的操盘心态，首先得从学习上下工夫。我们必须坚持大量的学习与实践。在学习与实践过程中积累大量的操盘经验，汇聚丰富的操盘知识与技巧。总有那么一天，我们积累的知识会丰富并形成我们个人的操盘哲学与思想，从而激发出稳定、持久的良好心态。一旦这种健全的心态建立起来，我们距离成功就不远了。

想培养好的操盘心态，首先是学习，应该学哪些东西呢？我认为大家可以从宏观与微观两个方面去着手，宏观方面我们可以去学习有关经济与金融基本面的相关知识；微观方面，我们可以学习大量的短线、中线或长线操盘技巧与方法。最后，我们将所学知识纳入到我们的宏观与微观操盘哲学中来，从而形成我们丰富、健全的宏微观思想，这样就为我们良好心态的形成做好了知识与思想储备。

第五章
操盘原则的建立

作为一名优秀的操盘手，除了要具有一致性盈利的操盘方法，还应该建立一套适合自己的操盘原则，而且在操盘过程中毫无条件的遵守这些原则。实践证明，以下六点操盘原则的建立对大家一致性的运用宏微观操盘法非常重要。

1. 原则一：必须设立止损、止盈单，且止损/止盈≤1/3

作为一名优秀的操盘手，在入场操作前，必须明确三点，即入场点、止损点以及止盈点。如果你在入场前，不能明确这三点中的任何一点，你都不应该入场交易。明确了这三点，我们才能计算出止损与止盈的比例。在多年的实盘操作中，我每次入场操作的止损与止盈比例都至少要≤1/3。

关于止损与止盈比例，我发现很多人对此存在误解。很多人的止损是怎么设定的呢？他们认为一次交易能够承受多少亏损就设立多少。比如：有人说每次交易我最多只能承受20点的亏损，所以每次操作就只设立20点的止损，然后不是说止损与止盈的比例至少要达到1/3吗？那我就将止盈设立为60点。大家认为此人设立止损与止盈的方法正确吗，或者说客观吗？我说："不"，为什么？设立止损是很有讲究的，设立的太近，本来方向判断是正确的，但很多次都被止损出场。设立的太远，不仅起不到最大限度地限制损失的目的，而且很有可能超出自己一次性亏损幅度的范围。所以，首先你必须明确自己每次所能承受的一次性亏损幅度的范围是多少。然后，在实盘操作中，一般将止损点设立在重要的阻力或支撑位之上或之下 3～5 个点的位置。此时，如果你发现你的止损幅度超出了你能承受的一次性亏损幅度的范围时，很明显，你必须放弃这次交易。反之，只有当你的止损幅度在你能承受的一次性亏损幅度的范围之内时，你才可以考虑是否要做这笔交易。解决了止损的设立问题，接下来，我们看一下止盈点的设立。当然，有人会问，为什么每次都要设立止盈，华尔街不是有句老话叫：让利润奔跑。是的，这句话说得没错儿。错的是你对这句话的理解。这句话的真正含义是：在客观的盈利范围之内，当市场没有发出任何危险信号之前，务必不要了结仓位，让利润最大限度地奔跑。不是叫你对危险信号视而不见，盲目地让所谓的利润奔跑，事实证明这样的"利润"奔跑方式很危险。

在多年的实盘操作中，我深深体会到：设立止盈的重要性不亚于设立止损的重要性。因为，如果说设立止损是为了限制我们所能承受的亏损，那么设立止盈却是为了让我们的盈利及时地、安全地落袋为安。而止盈又怎么设立呢？是不是大多数人所认为的直接在止损幅度的基础上乘以3就得出止盈点的位置呢？我的回答依然是："不"。为什么？原因很简单，我所设立的止盈点，是根据我的宏观与微观操作方法，客观得出的点位，而不是主观设定的。因此，当我确认止盈点时，我马上计算我的止损与止盈比例，如果止损/止盈≤3，我就做这笔交易，反之，则放弃这笔交易。

这就是我的宏微观操盘法中的第一条原则，从我以上的表述中，大家是否体会到，我所说的止损与止盈点的确定必须是根据操作方法客观确定的，而不是胡乱的设定。其次，只有止损幅度在我所能承受的一次性亏损幅度的范围之内，且止损/止盈≤3时我才会进行这笔交易。

当然，我发现大多数初学者每次下单都不设立止损、止盈单。究其原因，最常见的是他们根本不知道将止损止盈单设在什么位置。除此之外，还有一部分人是在以前的操盘中，发生过被止损出场的情况，因此，他们就开始不设立止损了。首先，我们得承认，不设立止损是危险的，不设立止盈也是不安全的。市场是千变万化的，有它自己的个性，是不以个人的意志为转移的。止损就好像汽车上的安全气囊一样,能够在突发事件中给我们以保障。而止盈就好像汽车上的刹车一样,告诉我们适可而止,在发现有危险信号发出时及时平仓,落袋为安。

2. 原则二:每次只用不超过本金的 1/10 去冒险

这条原则有两层含义,第一层含义是限定我们的持仓数量。具体为,假如你所处的市场做一手的保证金为 1000,且你账户里仅有 10000,那么建议你的持仓数量不要超过 1 手。第二层含义是限定你所能承受的一次性亏损幅度范围。也就是说,如果你所处的市场的情况与你的账户资金量如上所述,那么你所能承受的一次性亏损幅度就不要超过 1000,也就是 100 点。

当然,会有人说:"如果我的资金只有 1000 怎么办?"那么我就建议你寻找做 1 手交易的保证金为 100 的市场进行操作,比如有些公司所提供的迷你账户。如果找不到,那就只有把钱攒够了再去选择相应的市场进行交易。有些人就是不信邪,就拿 1000 去做 1 手保证金为 1000 的交易,这样也刚好够做 1 手,他心里想,万一我第一笔就看对方向,我赚钱了呢?不错,有这种可能性,但是恕我直言,此人入市之前就已经抱着赌博的心态,虽然有第一笔交易就盈利的可能性存在,但是,在多年的实盘操作中发现,这样做风险极高,而且往往是以亏损而告终的。或许有些人认为在市场中交易与赌博无异,对我来说市场交易却是一门科学。因为我既具有一致性盈利的操作方法,又有操盘中各个环节的心态控制策略,同时还有一致稳定的资金管理方法,又始终如一的恪守我的操盘原则。在市场中交易,我是有的放矢,而不是无的放矢的,因此,我自信我所进行的市场交易,我所从事的事业不是赌博,而是在有效的市场运作。

3. 原则三：恰当地使用跟踪止损，确保已经盈利的交易不转变为亏损

恰当地使用跟踪止损是有效保障利润的一种策略。

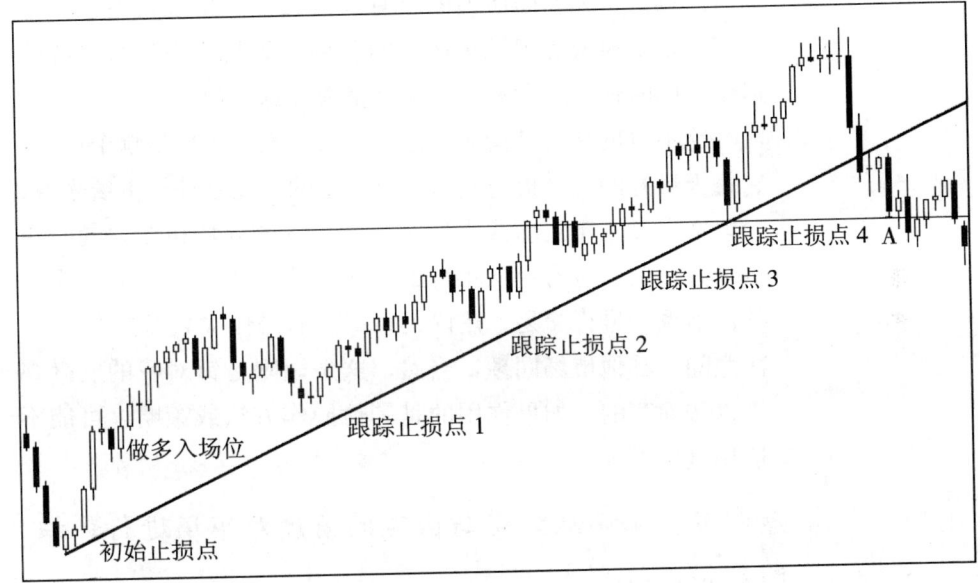

图 5-1 设置跟踪止损点

如果你在如图 5-1 所示的交易中，恰当地使用跟踪止损，即使在 A 点止损出场，你也已经获利了。这就是设立跟踪止损的好处。

那么怎样恰当地设立跟踪止损呢？好的跟踪止损单与一个好的跟踪侦探的要求是一样，就是既不能让被跟踪者发觉你在跟踪他，更不能跟丢。在多年的实盘操作中，我发现在进行短期的小波浪交易时，比如横盘震荡行情中，几乎不用费尽心思去设立跟踪止损。跟踪止损单只有在进行大波段的操作时，才能发挥出它最优秀的特性。我一般会将跟踪止损点设立在根据波浪理论所确认的浪级的起点或终点处。

4. 原则四：严格遵守入场与出场规则，绝不过度交易

在运用宏微观操盘法进行交易的时候，必须严格按照宏微观操盘法中的入场与出场规则进行交易，绝不可盲目地入场与出场。正如前面所说的要有的放矢。这条规则不仅要求大家一定要对宏微观操盘法中的各种工具与策略进行熟练的运用，同时还要求大家务必要严格遵守这些规则。

绝不过度交易是指无论你所参与的交易市场是哪个市场，它每天最好的交易机会基本上是固定的，就拿外汇市场来说，一般在欧盘开市之前或之后有一次很好的入场机会，同时在美盘开市前后也有一次很好的入场机会。因此，如果大家在外汇市场中进行交易，建议大家每天的操作次数保持在1～3次之间。其他市场同理，当然，这条规则是针对我的宏微观操盘法而言的，如果你用的是其他操作方法或策略，可能不适用这条原则。

5. 原则五：必须从宏观与微观的角度对市场进行详细的评估

在我的宏微观操盘法中，宏观工具即波浪理论中本身有波浪级别的大小之分，也就是波浪级别的宏观与微观之别。这一点大家应该很好理解，因此在研判一个浪级是否结束时，首先要看比它小一个级别的浪级是否结束，依此类推直到最小的可研判性的那一个浪级结束时，才能研判该浪级的结束。具体的研判方法为：首先要考虑最小的浪级属于那一个级别的浪，然后要判断浪的类型，是调整浪还是驱动浪。如果是驱动浪，那它是基本的驱动模式还是倾斜三角形，如果是调整浪，那它又属于调整浪中的哪一个类型，以及根据级别的不同，波浪的幅度以及它所持续的时间也不同，这些都必须考虑清楚，做到胸有成竹才行，这是其一。

其二，在微观操作工具的运用中其实也有宏观与微观之

别，或者说是大小级别之分。具体为：既然趋势线有大小级别之分，那么所用趋势线研判趋势是否改变的1-2-3法则当然也有级别之分。因此，在具体判断中一定要从微观着手，也就是小级别着手，当小级别的趋势发生改变之后，还要看大一级别的趋势如何改变，依此类推，直到最大级别的趋势也研判结束为止。如图5-2所示。

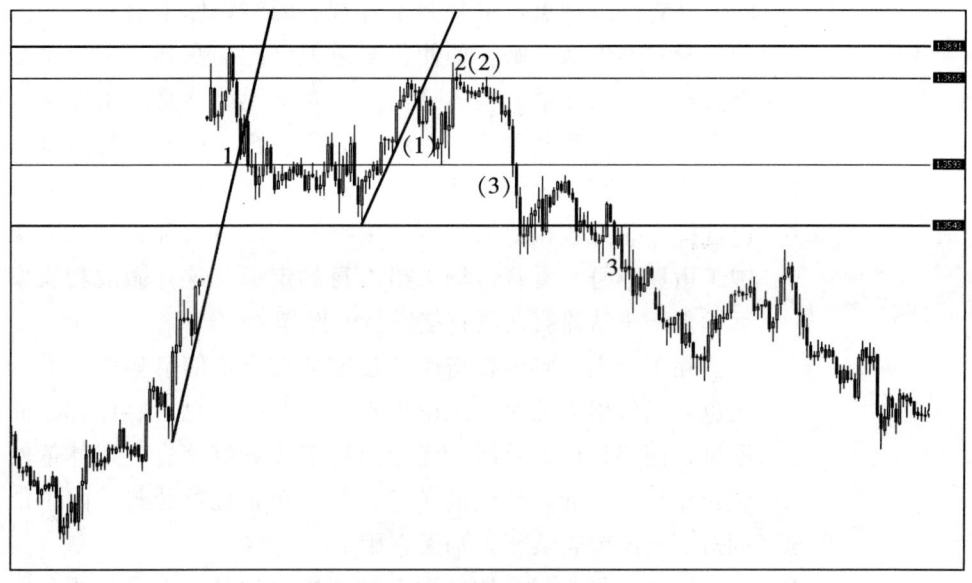

图5-2 趋势级别的研判

这就是我的这条原则所要传达给大家的信息，这是一种思维模式，大家一定要在实际运用中不断练习，才能深刻地体会到宏微观的奥秘。

6. 原则六：不要听从外来的建议，除非你知道这条建议是可靠的

很多人自己本身不想潜心学习和研究适于自己的一套策略或方法，而是把大部分的精力寄托于从外界直接获得某笔交易的操作策略。这样做，长期来看既不能稳定盈利，又浪费了自己的宝贵时间。这样的人就是所谓的将希望寄托于别

人身上的人，众所周知，将希望寄托于别人身上最终的结果往往是失望。

当代社会是一个信息极度膨胀的时代，无论你是去参加酒会还是到交易大厅去逛逛，或者在地铁、马路边、小区楼道口只要有人的地方，几乎都能或多或少的接触到一些让你做多或做空的建议。然而，这其中的大部分都属于他们个人的一种看法或观点，本身并不客观。同时，你本身对这些人的身份并不怎么了解，即使你知道他（她）在某一个集团上市公司工作，知道一些内幕信息，先不说该消息的来源是否可靠，如果你真利用这些内幕消息操作了，本身就是违法的。

我从来都不赞同听从外来的建议直接进行操作，我们可以选择一些比较权威的观点作为参考，而将大部分的精力集中于市场本身。看看市场价格本身的走势，这样做成功概率远远大于听从流言蜚语直接进行的操作。

除了个人，媒体在当代社会更是充当了信息集中批发的角色。当价格上涨时，无论出现多少利空消息，媒体都视而不见，而当价格下跌时，无论出现多少利好消息，媒体依然装聋作哑。如此马后炮的角色，与不负责任的妆扮，除了能创造更多的流言蜚语，别无它用。

因此，作为每一位运用宏微观操盘法的朋友，请听我一言，严格遵守这条原则，尽快回归市场本身，关注市场本身的价格变化，这才是正途。

以上六条操盘原则，是我在多年的实盘操作中感觉最重要的六条基本原则，当然，大家可以在实际操作中，根据自身的特点，制定更适合自己的操盘原则。实践证明，制定并严格遵守这些原则非常重要，因为这样做能够对我们操盘成功率起到事半功倍的效果。

第六章
基本面分析

基本面分析与技术面分析是截然不同的，基本面分析致力于研究与该交易市场相关的国家、组织或公司的经济、金融、财务等数据，或者其战略决策，领导人讲话，合并与收购等信息，从这些数据或信息中试图了解到影响市场价格变动的原因，从而预判可能的价格变动方向。

基本面分析建立在这样一个前提之上，那就是市场价格的变化是由经济基本面的变化而引起的。这一观点，基本上得到当时大多数人的认同，尤其是主导经济学界与金融学界的经济、金融专家们的认同。然而，影响市场价格变动的因素并非一个公司的三大报表那么简单。因为报表是客观的，数据显示是多少就是多少（人为操纵因素除外），且这些数据大多都是有由会计师们经过严格的数学计算而得出的。然而，市场的参与者并非全都是或大多数都是经济或金融专家，市场参与者的主流是普通大众，他们大多数都是跟风而来，随风而去。也就是俗话说的随大溜。而大溜并不一定是金融或经济专家所指的影响市场价格变动的经济基本面因素，那是一种大众的疯狂，甚至是漫无目的的。

由此便产生了一个问题，就是索罗斯所谓的反射性理论，也就是在有些时候正是这种大众疯狂促使了基本面的形成。而不一定是经济基本面产生了大众疯狂，那么应该是相信基本面信息呢，还是相信大众疯狂，这里，我想引用索罗斯的一句话为大家做个指引：

经济历史是由一幕幕的插曲构成，它们都是奠基于谬误与谎言，而不是真理，这代表赚大钱的途径。我们仅需要辨识前提为错误的趋势，顺势操作，并在它被拆穿以前及时脱身。

第 六 章
基本面分析

然而对于基本面分析，进一步地研究，我发现并非市场价格的变动就完全成因于大众疯狂，也有一部分是由于基本面因素所致，这就是索罗斯所说的，反射性理论并非任何时候都成立，他只是说市场存在反射性的现象而已。同时，经过大量研究我发现，市场基本面数据经常出现似是而非的现象，也就是同一时间出现 A、B、C、D 四个数据，但并不是所有数据都显示同一个结果，从而预测市场的同一个方向。当然，有人会说，好的消息多就表示利好，坏的消息多就表示利空，这样合适吗？当然不合适，因为这 A、B、C、D 四个数据可能仅仅是所有数据中的一小部分，而且有些数据就根本无法事前知晓，无从测算。

由于以上原因，完全依赖经济基本面肯定是不合适的，而完全不关心经济基本面显然也不恰当。

老一辈的市场玩家在实践中，直接关注于市场本身，并发明了很多辅助市场分析的工具，运用这些工具对市场价格进行直接的描述，其中一部分人直接不管市场基本面信息，而是完全用技术分析来分析市场，从而开创了技术分析或半技术分析之路。于此同时，有人从大众心理的角度出发，将行为心理学引入了金融市场，并开创了一条金融心理学分析之路。

然而这些理论并不是完全独立的。任何一门分析方法都不能完全独立对市场进行统一的、完美的描述或说明。因为纯基本面分析者关心的是可能影响市场价格波动的基本面信息及数据，而纯技术面分析者关心的是价格的具体波动模式，纯金融心理学分析者关心的是市场参与者的大众心理。三者互相争斗，公说公有理，婆说婆理多，一争就是几十年甚至上百年，有这个必要吗？我们大家共同的目标都是试图寻找影响市场价格波动的真谛。别无其他，因此，大家何不平心静气地谈谈，三者之中，采纳众之所长，汇于一体，聚为精华，何不快哉。

经过大量实践与研究，我得出如下结论：

（1）基本面分析由于其专业性与模糊性，因此分析比重仅占整个分析比重的30%。

（2）技术面分析与金融心理学分析由于一个是从纯价格的角度，一个是从纯心理的角度，因此，两者完全可以合并为一体，共占整个分析比重的70%。

这样一来，价格中体现大众心理，大众心理的作用又进一步反应了市场价格的变动，这种变动有时候可以影响甚至促成基本面的形成，有时基本面又反过来作用于市场价格，如此周而复始，日复一日，年复一年的变化与发展着，从而形成了整个喜怒哀乐的金融市场。

接下来，让我们进入本书最重要的章节，也是我写作此书的核心思想所在，让大家知道如何运用宏观与微观的思想，利用宏观与微观工具，结合基本面分析，在实盘操作中保持良好的心态，并严格遵守操盘原则从而达到一致性盈利的目的。

第七章
宏微观操盘法

运用宏微观操盘法对市场进行综合评估与研判，先由宏观操作策略得出市场此刻所处历史周期中的位置、变换模式以及市场接下来可能的运动幅度，然后通过微观操作工具得出具体的入场点、止盈点、止损点。同时根据操盘原则评估所得出的入场策略是否符合具体的操盘原则，如果符合就严格执行。

在具体介绍如何运用宏微观操盘法进行操作之前，我们首先必须熟悉以下四个表格。

第一表格：市场整体情况研究表

俗话说："知己知彼，方能百战不殆。"因此对某一个市场进行操作之前，首先必须对该市场的整体情况进行详细的统计研究，才能在市场操作中做到运筹帷幄，力挽狂澜。

经过多年的实盘操作经验，我认为对市场整体情况的研究主要包括以下五个方面，如表7-1所示。

表7-1 市场整体情况研究表

序号	研究项目		数据或结果	备注
1	市场波幅统计	第1年平均每日波幅		通过波幅统计，可以提供一个日内波动范围，周内波动范围以及月内波动范围，从波动幅度上给予量化与参考
		第2年平均每日波幅		
		第3年平均每日波幅		
		3年平均每日波幅		
		第1年平均每周波幅		
		第2年平均每周波幅		
		第3年平均每周波幅		
		3年平均每周波幅		
		第1年平均每月波幅		
		第2年平均每月波幅		
		第3年平均每月波幅		
		3年平均每月波幅		

续表

序号	研究项目		数据或结果	备注
2	市场流动性或市场连续性评估	观察该市场哪个时间周期流动性最好		通过市场流动性或者市场连续性评估，为选择看盘周期提供依据
3	市场规模大小	第1年平均每日成交量		由于波浪理论并不适合规模较小的市场，因此市场规模大小的统计为该市场是否能够运用波浪理论提供依据
		第2年平均每日成交量		
		第3年平均每日成交量		
		3年平均每日成交量		
		第1年平均每周成交量		
		第2年平均每周成交量		
		第3年平均每周成交量		
		3年平均每周成交量		
		第1年平均每月成交量		
		第2年平均每月成交量		
		第3年平均每月成交量		
		3年平均每月成交量		
4	市场规整波动强度	15分钟周期		市场规整波动强度体现了市场有效波动概率，通过此栏目的评估可以得出一般在哪个时间周期数浪最为合适，同时也为看盘周期的选择提供依据
		30分钟周期		
		1小时周期		
		4小时周期		
		1天周期		
		1周周期		
		1月周期		
5	市场周期波浪模式			市场周期波浪模式为运用波浪理论提供参考

第一栏中需要统计的是市场波动幅度，该栏目中我设计了3个时间周期，即日、周、月，并且是从现在所处的年数往后推3年，从而得出这3年中的每年的日、周、月的平均波动幅度，最后还能得出这3年的总的日、周、月的平均波动幅度。之所以要得出这些平均波幅，目的只有一个就是从波动幅度上给予量化与参考。

以日平均波幅为例，如果我知道该市场的3年每日的平均波幅，我直接可以看出，最近3年该市场的波动幅度相对是在逐步增大还是在逐步减少，或是没有变化。而当我得到最近3年总的日平均波动幅度时，我在进行日内交易时就有了一个整体的日内波幅框架，如果说我所处的市场今天整体处于下跌趋势中，我预先统计得出它的3年来总的每日平均波幅为：300点，而今日它已经向下移动了260点，如果现在再让我入场做空，我是绝对不会干的。同理，周与月平均波动幅度的统计目的和日平均波幅的统计目的是一致的。

第二栏中需要统计的是市场流动性或市场连续性评估。通过该栏目的评估，首先，我们会知道我们将要交易的市场的整体流动性或连续性情况，为我们是否能将宏微观操盘法运用到该市场提供依据。因为宏观操作工具即波浪理论是有适用条件的，它并不适用于流动性差的市场。其次，我们还可以知道该市场中哪一个时间周期的流动性相对较好。如图7-1和图7-2所示，美元/土耳其里拉货币对的1分钟与1小时时间周期价格走势图，我们看到对于同一个市场，所选时间周期不同其流动性或者连续性也有差异。

如果我们选择美元/土耳其里拉外汇市场进行交易，必然会选择流动性或连续性相对较好的图7-2所示的时间周期。

第三栏中需要统计的是市场规模大小。市场规模大小其实就是与统计市场波动幅度对应的每日、每周以及每月的平均成交量数据。由于波浪理论并不适合规模较小的市场，因此市场规模大小的统计为该市场是否能够运用波浪理论提供

图 7—1 美元/土耳其里拉货币对 1 分钟走势图

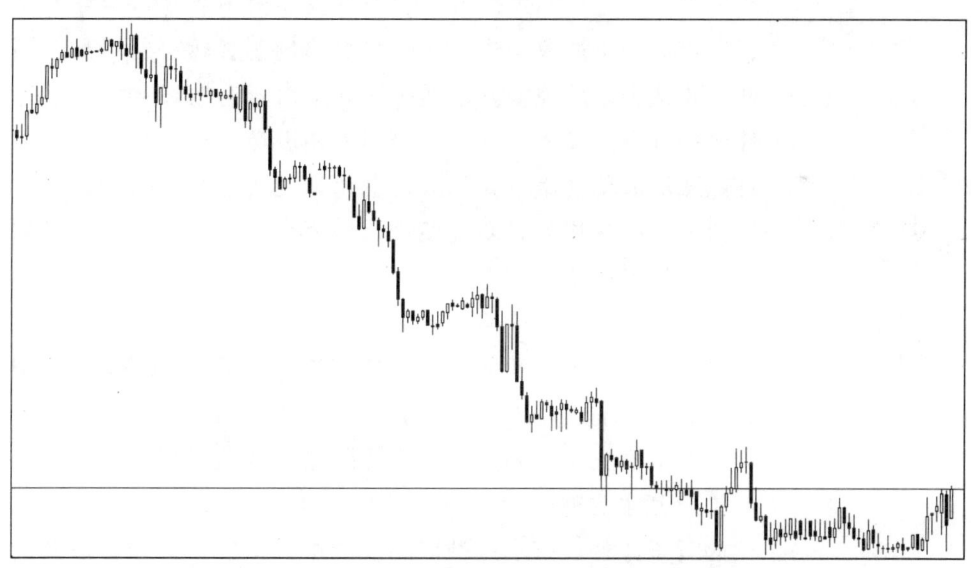

图 7—2 美元/土耳其里拉货币对 1 小时走势图

了依据。

然而，并不是所有的市场都能得到全面、有效的成交量统计数据。以外汇市场为例，因为外汇市场没有固定的场所，也无法统计每次的成交数量和成交方向,每天我们只能通过国际清算银行的数据系统查阅到通过国际清算银行清算的外汇交易数量,这个数量并不能代表所有的交易,因为还有大量的交易是不经过国际清算银行进行清算的,国际清算银行只是针对央行和大型商业银行、专业银行做最终清算。一般的交易清算都由一些商业银行或专业银行来操作,有时候还可以直接和中央银行进行结算。因为它们各自的交易目的不一样。因此,对于像外汇市场或者现货黄金市场该栏目就不用填写,我们只需要查阅相关数据,心里清楚该市场的成交量大概有多少就可以了。

第四栏中需要统计的是市场规整波动强度。市场规整波动强度实际上体现的是该市场中浪型的规整波动情况,如果该市场的浪型波动很规整,则运用波浪理论数浪时就相对好数的多。反之,如果该市场的浪型波动很不规整,暂且不论它是否适用于波浪理论,显然数浪的难度必然有所增加。因此,我认为市场规整波动强度体现了市场有效波动概率,选择市场规整波动强度越好的时间周期进行数浪,则运用波浪理论数浪成功的概率就越大。也就是说通过此栏目的评估可以得出一般在哪个时间周期数浪最为合适,同时也为看盘周期的选择提供依据。

第五栏需要统计的是市场周期波浪模式。虽然说波浪理论普遍认为,市场的周期运动模式都是遵循5浪驱动,3浪或5浪调整的运动方式。然而,实践证明不同的市场其大的周期波浪模式是不同的。对于像股票市场这种单边市场,一般是遵循波浪理论的5浪驱动3浪或5浪调整的运动模式。然而对于像外汇市场这种周期性的市场,却是遵循3浪的周期运动模式。因此,通过该项指标的统计,能够为更好地使用波浪理论提供参考。

通过市场整体情况研究表,能够得到我们所必需的5点市场基本情况指标,为我们能否很好地运用宏微观操盘法提供了依据与参考。

第二表格：宏微观操盘法心态控制参照表

宏微观操盘法心态控制参照表，是我将第四章中有关操盘各个阶段应该具备的良好心态进行简化而制成的表格。在操盘过程中，建议大家将此表打印出来并张贴到自己直接能够看到的地方。刚开始操盘时，在操盘的每一个阶段大家都可以将该阶段所应该具备的良好心态在口中默念几遍，然后按照表格中的心态要求有意识的去调整自己的心态，慢慢地大家不用再看表格就可以很好地调整自己的心态了。

如果对下表中各个阶段应该具备的心态的具体内容还不了解的朋友，可以回到第四章中再复习一遍。

表7-2 宏微观操盘法心态控制参照表

操盘阶段	应该具有的良好心态
空仓	中立、平静
分析	警觉、客观、全面、冷静
跟踪	耐心、警惕
入场	准时、勇气
监视	耐性、警惕
出场	焦急、恐惧、接受
总结	冷静、客观、全面

实践证明，在操盘过程中严格按照表7-2中建议的心态进行个人的情绪控制，对于操盘成功可以起到事半功倍的效果。

第三表格：宏微观操盘法操盘原则执行参照表

宏微观操盘法操盘原则执行参照表是我将第五章中的六大操盘原则进行简化梳理制作而成的表格。我建议大家将该表也打印出来并张贴到自己直接能够看到的地方，目的和心态控制参照表一样，都是希望大家在操盘过程中能够严格按照表格上的要求去执行。

表7-3 宏微观操盘法操盘原则执行参照表

序号	操盘原则	执行情况
1	必须设立止损、止盈单，且止损/止盈≤1/3	
2	每次只用不超过本金的1/10去冒险	
3	恰当地使用跟踪止损，确保已经盈利的交易不转变为亏损	
4	严格遵守入场与出场规则，绝不过度交易	
5	必须从宏观与微观的角度对市场进行详细的评估	
6	不要听从外来的建议，除非你知道这条建议是可靠的	

实践证明，在操盘过程中严格遵守表7-3中的六大原则能够更好地保障我们操盘的成功率。

第四表格：宏微观操盘法操盘表

宏微观操盘法操盘表是我根据宏微观操盘法精心设计的一张表格。如表7-4所示，这张表格中的第一项是操盘的基本信息，其中包括：操盘人的姓名、市场及其种类，以及操盘时间，还包括目前看到的具有可操作性的市场的趋势及运动方向。同时也包括了操盘所需要的两种思想，一种是顺势而为，这是针对上升或下降趋势的操作而言，而对于盘整趋势，我们却要采用低买高卖的策略进行交易。

第二项是关于宏观要素的，这一项其实很简洁，我们只要通过波浪理论的分析得出三点所需信息就可以了。第一点就是我们所要操作波段的波浪级别，也就是所操作波段所处历史周期中的具体位置。第二点就是要预先测定我们所操作的波段预期到达的点位，而第三点就是要提前预测波浪可能的运动模式。由于即将展开的波浪模式很可能有好几种情况，因此，我预留了10个空格就是将所有可能的结构都填进去。

表7-4 宏微观操盘法操盘表

基本信息	姓名		市场		种类		日期	
宏观分析	趋势类型		趋势方向		指导思想	顺势而为		低买高卖
	浪级		预期点		模式			
微观分析	是否触碰跟踪趋势线并顺势而行							
	是否突破趋势跟踪线							
	是否进行了有效反弹或有效回撤							
	是否对关键点 A 或关键点 B 展开测试							
	是否有效突破上方做多轨道线或下方做空轨道线							
	是否接近轨道线而反转且 MACD 发出买卖信号							
入场信息	买卖类型		入场点		止损点	止盈点		损/盈 (≤1/3)
结果反馈								

第三项是关于微观要素的，此处我以提问的方式展开，让大家明确价格具体的动向。

第四项中就是我们入场所需要的具体信息，这一项是通过宏观要素与微观要素综合得出的，如果说我们得到的入场信息完全符合我们的操盘标准，其中包括止损/止盈≤1/3 时，我们就可以果断的执行操作了。

最后一项为：操盘结果的反馈栏，当我们完成一轮操作之后，无论结果是赚钱还是亏钱，一定要客观、具体以及全面的分析，从而找出我们赚钱或亏钱的真正原因所在。这样日复一日，年复一年，当有一天我们回过头来将这些反馈信息进行汇总并反思的时候，所得到的经验财富或许要超越我们从书本上直接学到的东西，这才是真正的经验所得。因此，这一项，大家一定要认真的填写，努力做到真实、客观与全面。

做好了以上四张表格的准备工作，就可以运用宏微观操作工具进行实际操作了。在开始学习操作之前，我还是建议大家先在模拟盘上做至少半年左右的练习，等到完全熟悉和掌握了这套策略，就可以选择在实盘上进行操作了，虽然这套方法不是每次都能赚钱，但长期来看绝对可以保证赚得比亏得多。我真心希望每一位想通过投资赚钱的朋友，能够潜心学习好这套方法，从而实现自己的财务自由。

下面我就以实盘案例的形式为大家详细的讲解一下宏微观操盘法的具体运用方法。

一、黄金市场实战分析

首先我们以国际黄金市场为例来进行说明。根据我的宏微观操盘法的操盘要求，我们先要准备并填写四张表格。第一张表格就是市场整体情况研究表，通过历史数据的统计分析，以及市场的综合评估，我将所得到的数据填写在了表7—5中。

由于现在是2011年，根据要求，我将以现在的时间为基准向后推3年来统计相关数据，即2008～2010年。黄金市场各周期流动性评估并不好比较，因为黄金市场整体流动性特别好，无论小到1分钟还是大到1个月，其流动性区别不大。因此，对于流动性的比较在此处可以省略。具体填写结果如表7—5所示。

表7-5 黄金市场整体情况研究表

序号	研究项目		数据或结果	备注
1	市场波幅统计	2008年平均每日波幅	165点	通过波幅统计，可以提供一个日内波动范围，周内波动范围以及月内波动范围，从而从波动幅度上给予量化与参考
		2009年平均每日波幅	173点	
		2010年平均每日波幅	188点	
		3年平均每日波幅	175点	
		2008年平均每周波幅	383点	
		2009年平均每周波幅	396点	
		2010年平均每周波幅	424点	
		3年平均每周波幅	401点	
		2008年平均每月波幅	486点	
		2009年平均每月波幅	586点	
		2010年平均每月波幅	797点	
		3年平均每月波幅	623点	
2	市场流动性或市场连续性评估	观察该市场哪个时间周期流动性最好	15分钟	通过市场流动性或者市场连续性评估，为选择看盘周期提供依据
3	市场规模大小	2008年平均每日成交量	——	由于波浪理论并不适合规模较小的市场，因此市场规模大小的统计为该市场是否能够运用波浪理论提供依据
		2009年平均每日成交量	——	
		2010年平均每日成交量	——	
		3年平均每日成交量	——	
		2008年平均每周成交量	——	
		2009年平均每周成交量	——	
		2010年平均每周成交量	——	
		3年平均每周成交量	——	
		2008年平均每月成交量	——	
		2009年平均每月成交量	——	
		2010年平均每月成交量	——	
		3年平均每月成交量	——	

续表

序号	研究项目		数据或结果	备注
4	市场规整波动强度	15 分钟周期	√	市场规整波动强度体现了市场有效波动概率,通过此栏目的评估可以得出一般在哪个时间周期数浪最为合适,同时也为看盘周期的选择提供依据
		30 分钟周期		
		1 小时周期		
		4 小时周期		
		1 天周期		
		1 周周期		
		1 月周期		
5	市场周期波浪模式	经典的艾略特波浪理论的 5 浪驱动 3 浪或 5 浪调整的波动模式		市场周期波浪模式为运用波浪理论提供参考

对于市场周期波浪模式,我们必须对该市场整体的历史行情进行研究才能得出。下边我们整体来回顾一下黄金市场的历史行情走势,如图 7-3 所示。

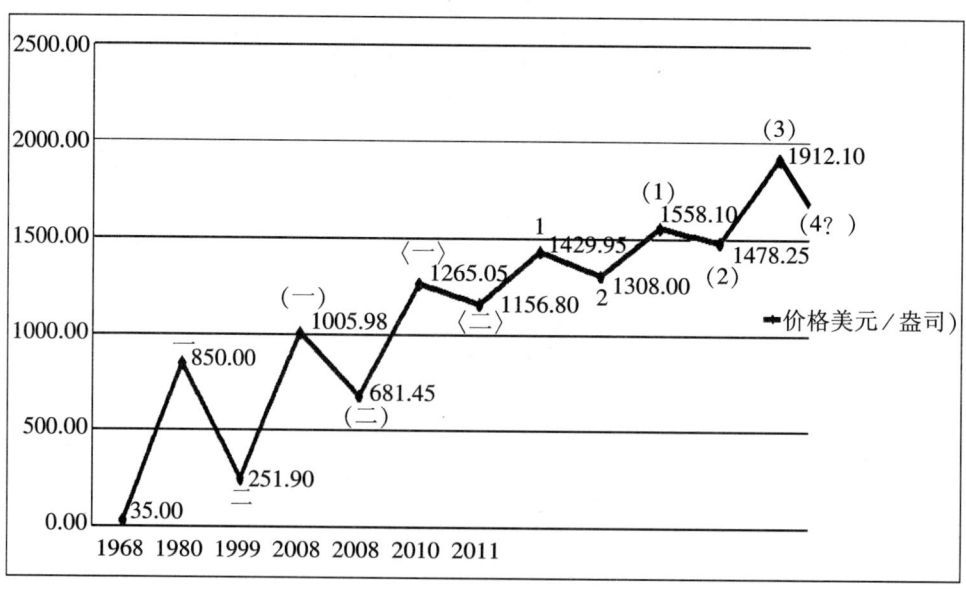

图 7-3 黄金市场走势图

自西元 560 年，至 1971 年布雷顿森林制度终结期间，全球各个国家一直使用黄金作为单一或其中一种货币，国家及人民更早已有积存黄金作为储备的习惯。

黄金是人类较早发现并利用的金属。由于黄金稀罕、特殊和珍贵，因此有"金属之王"的称号，享有其他金属品种无法比拟的盛誉，其显赫的地位近乎永恒。正因为黄金具有这一"贵族"地位，黄金曾经是财富和华贵的象征。随着社会的发展，黄金的经济地位和应用层面不断发生变化，但目前仍然在各国的国际储备中占有一席之地，是一种同时具有货币属性、商品属性和金融属性的特殊商品。

在二战结束后的 1944 年 7 月，44 个国家或政府的经济特使聚集在美国新罕布什尔州的布雷顿森林，商讨战后的世界贸易格局。会议通过了《国际货币基金协定》，决定成立一个国际复兴开发银行（即世界银行）和国际货币基金组织，以及一个全球性的贸易组织。1945 年 12 月 27 日，参加布雷顿森林会议的国家中有 22 国代表在《布雷顿森林协定》上签字，正式成立国际货币基金组织和世界银行。

布雷顿森林体系以黄金为基础，以美元作为最主要的国际储备货币。美元直接与黄金挂钩，各国货币则与美元挂钩，并可按 35 美元/盎司的官价向美国兑换黄金。在布雷顿森林体系下，美元可以兑换黄金和各国实行可调节的钉住汇率制，是构成这一货币体系的两大支柱。国际货币基金组织则是维持这一体系正常运转的中心机构，它有监督国际汇率、提供国际信贷、协调国际货币关系三大职能。布雷顿森林体系的建立，在战后相当一段时间内，确实带来了国际贸易空前发展和全球经济越来越相互依存的时代。但布雷顿森林体系存在着自己无法克服的缺陷，其致命的一点是：它以一国货币（美元）作为主要储备资产，具有内在的不稳定性。因为只有靠美国的长期贸易逆差，才能使美元流散到世界各地，使其他国家获得美元供应。但这样一来，必然会影响人们对美元的信心，引起美元危机。而美国如果保持国际收支平衡，就会断绝国际储备的供应，引起国际清偿能力的不足。这是一个不可克服的矛盾，这就是著名的特里芬难题。

从20世纪50年代后期开始，随着美国经济竞争力逐渐削弱，其国际收支开始趋向恶化，出现了全球性"美元过剩"的情况，各国纷纷抛出美元兑换黄金，美国黄金开始大量外流。到了1971年，美国的黄金储备再也支撑不住日益泛滥的美元了，尼克松政府被迫于这年8月宣布放弃按35美元/盎司的官价兑换黄金的美元"金本位制"，实行黄金与美元比价的自由浮动。

接着正如我们所看到的，黄金就像脱了缰的野马一路狂奔，到了1980年元月份，黄金最高达到了850美元/盎司的当时的历史最高价。也就是说，我将1971年布雷顿森林体系宣告破裂，到1980年黄金价格飙升到850美元/盎司的历史周期，确认为黄金整个历史周期中的第一浪。紧接着黄金价格出现了将近20年的大跌行情，从850美元/盎司一直跌到1999年8月份的最低价251.90美元/盎司。这一时间区间我确认为黄金价格历史周期中的第二浪。

从1999年8月份的251.90美元/盎司至今的上涨行情我确认为黄金价格历史周期中的第三浪。从图7-3中我们看到，黄金价格虽然从1999年8月份的251.90美元/盎司涨到现在的历史最高价1924.13美元/盎司，但根据波浪理论严格研判，我得出黄金价格的历史周期的第三浪显然还没有走完，它现在仅仅是处于第三浪的第（三）浪的第＜三＞浪的第3浪的第（4）浪中。同时，对于像黄金这种价值单边增长型的市场，我认为它的大历史周期的波浪模式是严格遵守波浪理论中的5浪驱动3浪或5浪调整的结构运动模式。而对于像外汇这种相对价值周期波动的市场却并不是遵守这种运动方式，这一点，我会在后续章节加以说明。

四张表格打出来后，将心态控制参照表与交易执行参照表张贴到我们直接能看得到的地方，同时也要准备好宏微观操盘法操盘表，随时为机会来临时的操盘做好准备。

首先应该关注一下相关基本面信息。最近备受关注的就是 2010 年 9 月 22 日结束的美联储为期两天的议息会议，会议最终决定继续维持低利率水平不变，并将超低利率维持至 2013 年，通过卖出短期国债买长期国债的方式来刺激经济。另一方面，欧洲各央行今年购入黄金 0.8 吨，26 年来首次出现净买入，反应出欧债危机短时间内无法改观的信号。从以上基本面信息及数据我们看到，无论是美国，还是欧元区的经济整体都处于衰退或疲软状态。唯一不同的是，美国方面正在积极的采取相应的政策或措施来刺激本国经济，而欧元区却深陷债务危机之泥潭，且一直没有拿出根本有效的解决方案。然而，我们看到虽然美国的态度很积极，但是取得的效果并不明显。而黄金作为避险工具个人认为黄金长期上涨格局并没有改变。

大家一定要注意在对市场进行如上基本面信息的搜集与分析时，一定要保持中立与平静的心态，且不可以看见有利好黄金的消息就很冒失的入场做多。

接下来我再通过技术面对黄金市场进行评估。我们抬起头来看一下宏微观操作法心态控制参照表中，分析时应该具备的心态为：警觉、客观、全面及冷静。我想大家对于这些心态所代表的具体含义，以及怎么调节自己的心态应该是清楚的。

首先，我们从宏观技术面来探索一下黄金市场所处历史周期中的位置。

从黄金市场走势图 7—3 中我们发现其实黄金市场现在处于大历史周期中的第三浪的第（三）浪的第＜三＞浪的第 3 浪的第（4）浪中。根据波浪理论，由于第（4）浪为第（3）浪的调整浪，因此，第（4）浪的回调幅度必然不能超越第（3）浪的起点，也就是 1478。同时，由于第（4）浪的回调幅度已经进入了第（1）浪的价格区间，因此，本轮的 5 浪上升行情并不是基本驱动模式，而是倾斜三角形。

那么第 4 浪的结构又是怎样的呢？根据波浪理论研判，我得出第（4）浪的结构为扩散平台型调整浪。由于扩散平台型调整浪的内部浪形结构为 3—3—5 结构，因此，很显然以现在的价格走势研判，第（4）浪调整幅度虽然达到，但是其结构并没有走完，如图 7—4 所示。

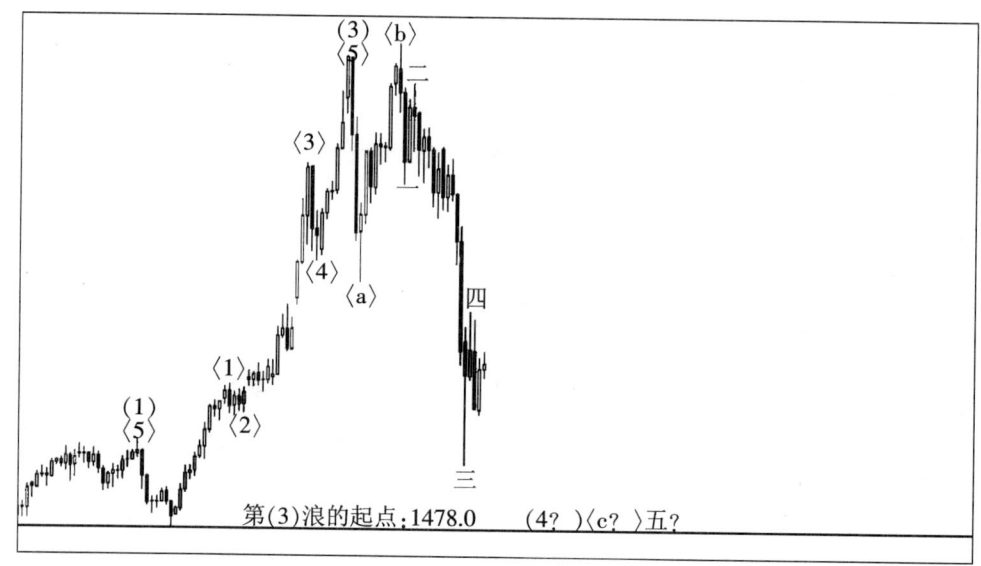

图 7—4　第（4）浪为扩散平台型调整浪

原则上价格要再次探底之后才有可能宣告本次下跌趋势的结束。因此，从宏观技术面来看，黄金市场近期很可能出现再次探底的走势。

我们再从微观技术面的角度看一下黄金本次回调具体的位置。

如图 7—5 所示，本次反转是一个教科书式的 M 顶反转，且下方做空轨道线已经被跌破，根据老技术派的分析方法，我得出本次回调很可能到达的点位为 1493.9 附近。该点也非常接近根据波浪理论研判的第（3）浪的起点位置 1478.0。

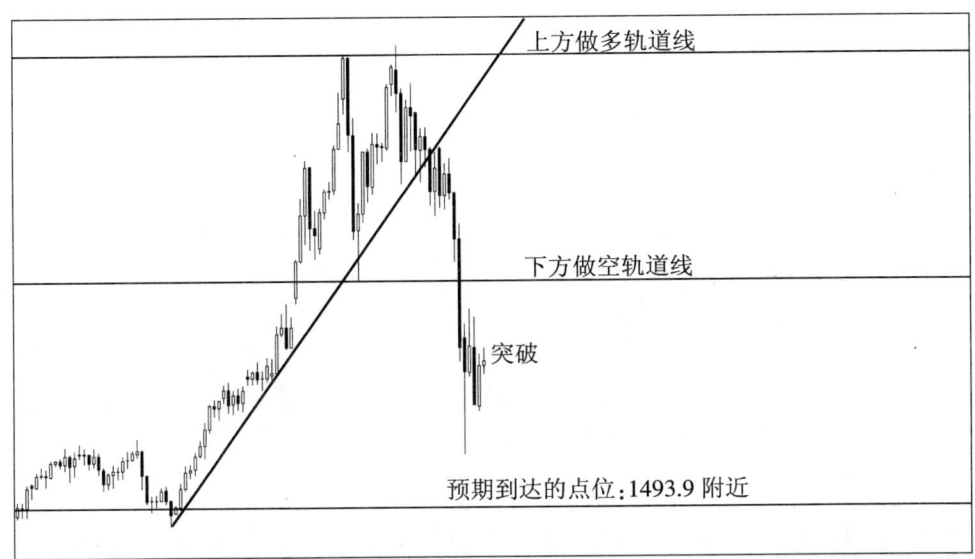

图 7-5 M 顶反转

因此，我们得到下方强阻力区间为 1478.0～1493.9。

通过上面的宏观基本面与技术面的分析，以及微观技术面的研判，我们知道了黄金的长期趋势格局依然为上升趋势，同时也知道了黄金价格现在所处历史周期中的位置以及它的结构变换模式，同时也确认了本次回调趋势下方的支撑区间也，就是本次回调价格很可能到达的价格区间。

以上分析是从整体框架上去把握。现在，我们要进入操盘的其他环节来看看具体的操作过程。

如图 7-6 所示，从图中我们看到，黄金价格向下跌破了上升途中的趋势跟踪趋势线，所以，通过关键点 A 可以绘制出上方做多轨道线。

如图 7-7 所示，从图中我们看到，当价格向下跌破上升趋势跟踪趋势线之后，整体来看，价格并没有进行有效反弹。虽然说根据波浪理论研判价格应该已经展开了第五浪的第（一）浪下跌走势，但是宏微观操盘法告诉我们，最好选择宏观工具与微观工具都发出做单信号，且都指向同一方向时再进行操作，这样成功的概率更大。所以，现在最好选择耐心

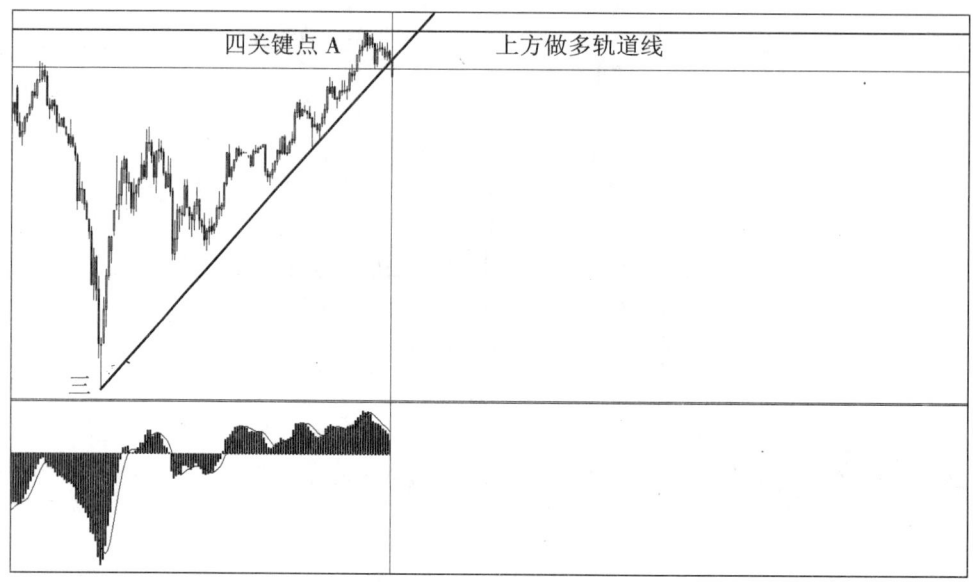

图7—6 走势跌破上升趋势跟踪线

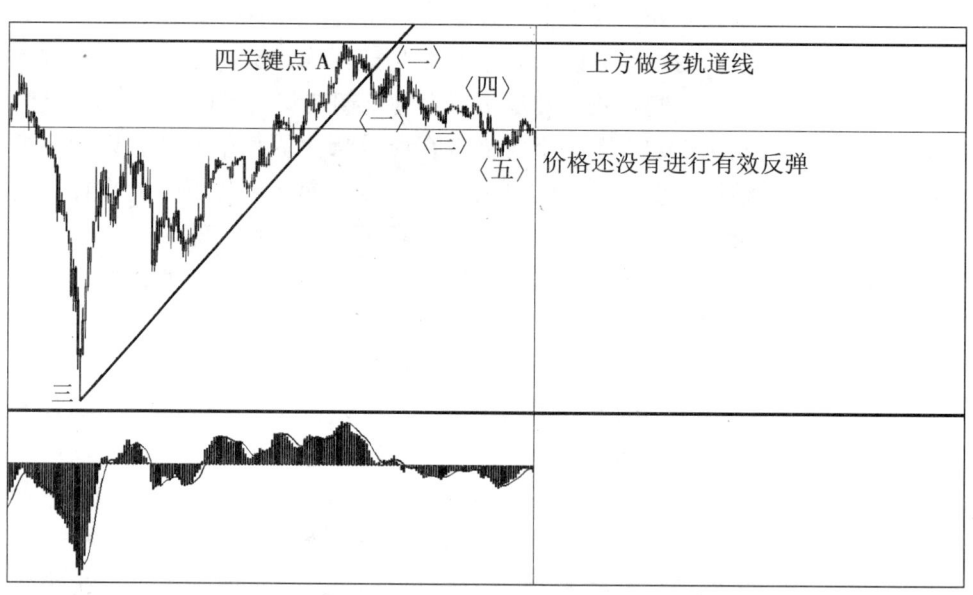

图7—7 跌破上升趋势线之后的走势

等待价格出现有效反弹，即使我已经根据波浪理论标注出了第（一）浪的5浪结构，但是实践证明耐心等待做最有把握的交易对于操盘的安全性,以及一致性盈利的思想来说是值得的。

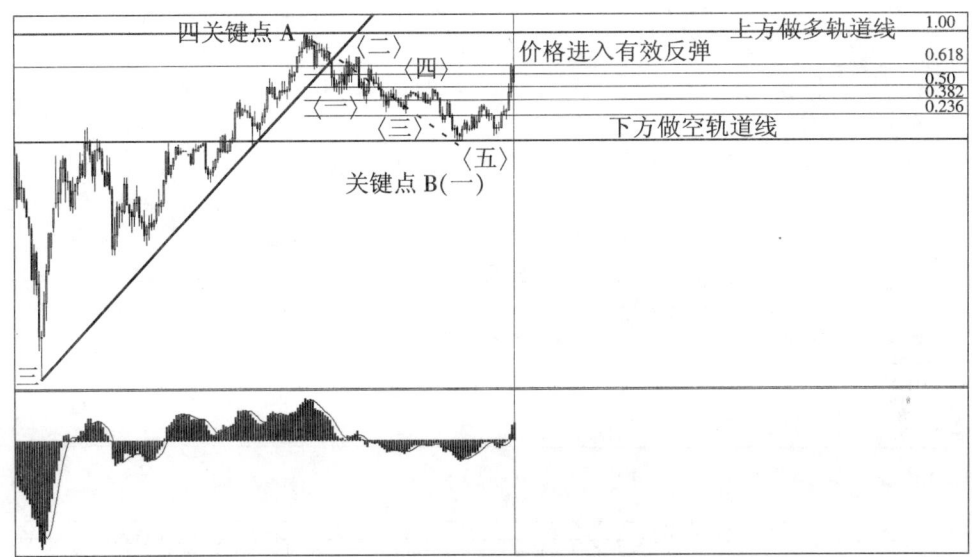

图7-8 价格在上、下轨道之间波动

如图7-8所示。从图中我们看到,价格进入了有效反弹区,所以我们可以绘制出下方做空轨道线。此刻价格舞台已经搭建成功,现在就是观察价格表演的时刻。

如图7-9所示。从图中我们看到,黄金价格不仅仅进入了有效反弹区,而且还跌破了本次有效反弹趋势的趋势跟踪趋势线,从而宣告价格测试关键点A失败。因此,现在可以选择做空入场,入场点位1656.4,止损点位1669.3,由于我研判本次下跌为本轮下跌5浪的第五浪的第(三)浪,因此,其下跌幅度为第五浪的第(一)浪的1.618处,即1604.4,因此,止盈点为:1604.4。

现在要做一个小小的计算:止损区间:1669.3－1656.4＝12.9
止盈区间:1656.4－1604.4＝52.0

止损/止盈＝12.9/50.0＝0.258＜1/3

因此,可以执行本次操作。

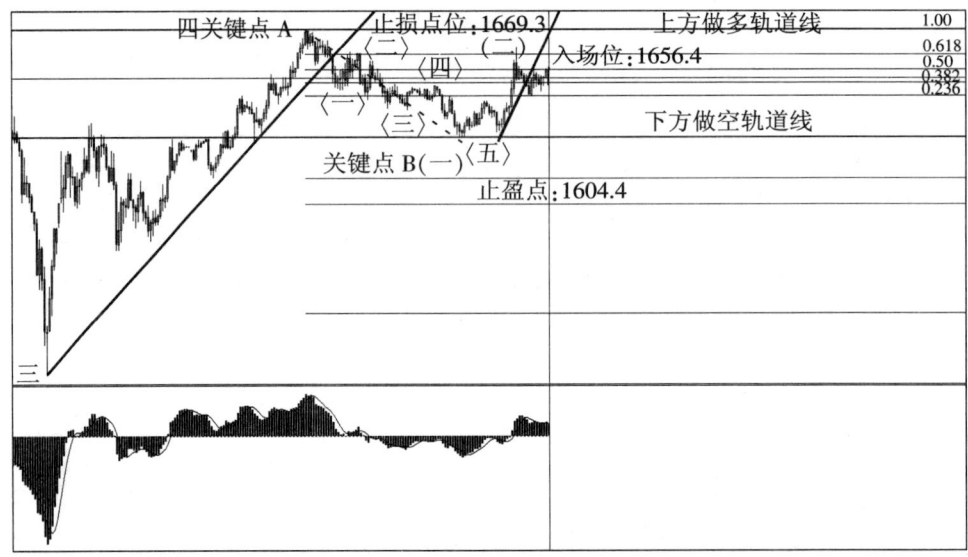

图 7-9

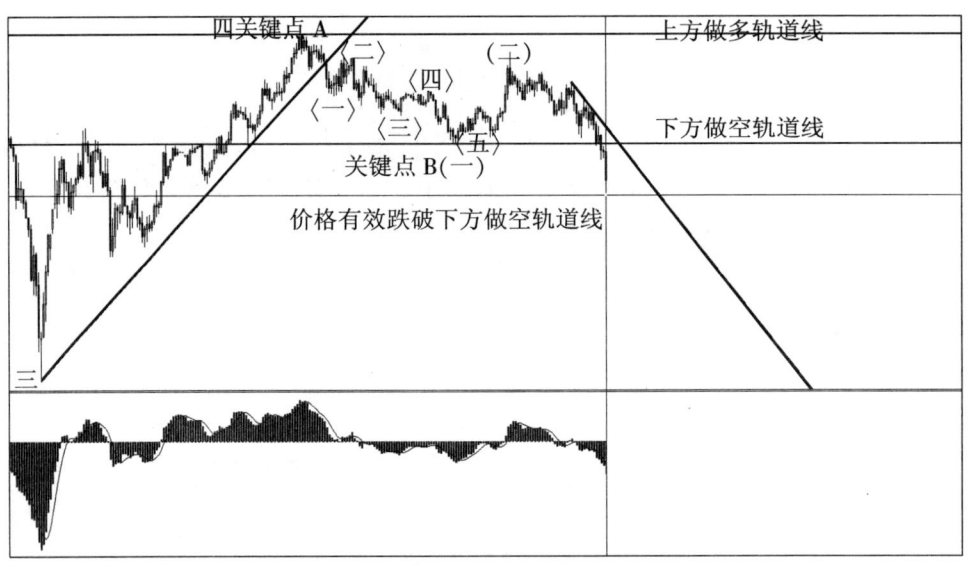

图 7-10 价格有效跌破下方做空轨道线

如图 7-10 所示。从图中我们看到，价格有效跌破了下方做空轨道线，同时根据波浪理论第（三）浪为 5 浪驱动模式。从图 7-10 我们看到第（三）浪的 5 浪结构显然还没有

第七章
宏微观操盘法

走完,所以空单可以继续持有。

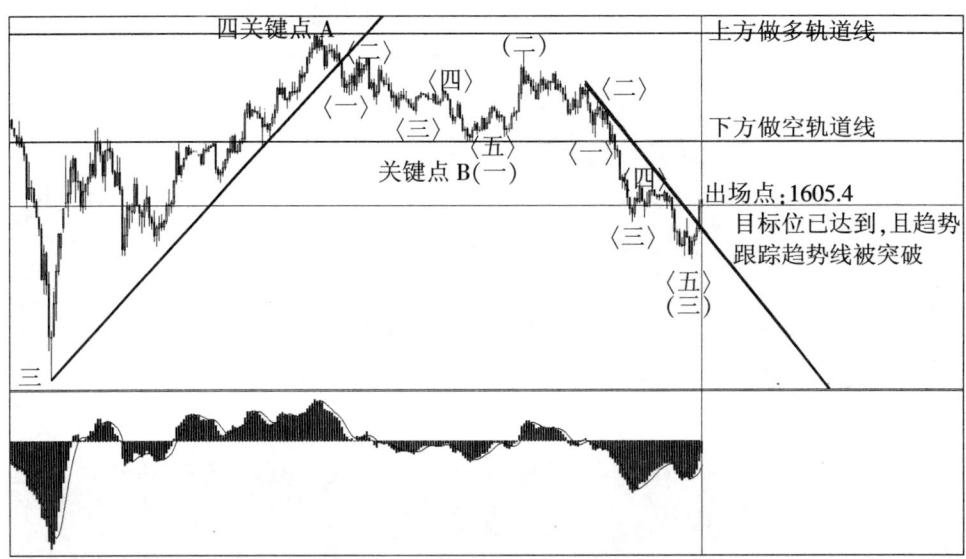

图 7—11

表 7—6 宏微观操盘法操盘表

基本信息	姓名	景生祥	市场	黄金属市场	种类	伦敦金	日期	2011年9月27日		
	趋势类型	下降趋势	趋势方向	向下	指导思想	顺势而为	✓	低买高卖		
宏观分析	浪级	第(5)浪的第<3>浪		预期点	1604.4	模式	五浪5波分析			
微观分析	是否触碰趋势跟踪趋势线并顺势而行?									
	是否突破趋势跟踪趋势线?			2011年9月27日 11:15 价格向下跌破5小会趋势线						
	是否进行了有效反弹或有效回撤?			2011年9月28日 10:15 价格进行了有效反弹						
	是否对关键点A或关键点B展开测试?			2011年9月28日 13:30 价格试探关键点A失败						
	是否有效突破上方做多轨道线或下方做空轨道线?			2011年9月28日 20:00 价格有效跌破了下方做空轨道线						
	是否接近轨道线而反转且MACD发出买卖信号?			2011年9月28日 13:30 MACD指标发出卖出信号						
入场信息	买卖类型	卖出(做空)	入场点	1656.4	止损点	1669.3	止盈点	1604.4	损/盈(≤1/3)	0.248
结果反馈	由于严格执行了宏观与微观操作中的操作规则,所以操作过程比较顺利,同时也获得了很大的收益。当然,在心态控制上依然有需要提升的地方。									

如图7—11所示。从图中我们看到，我们可以利用趋势跟踪趋势线跟踪我们的做空操作。如图中所示，第（三）浪的5浪结构已经走完。如果选择当价格突破趋势跟踪趋势线之后才出场，即选择出场点为1605.4，不仅我们的盈利目标已经达到，且盈利相当可观。

对于本次操作，我的宏微观操盘法操盘表的填写样式如表7—6所示，希望能够给予大家参考价值。

二、外汇市场实战分析

接下来我们看一下外汇市场，我所选择的货币对是EUR/JPY（欧元/日元）。

我们依然是按部就班，首先根据我的宏微观操盘法的操盘要求，准备并填写四张表格。第一张表格就是市场整体情况研究表，通过历史数据的统计分析，以及市场的综合评估，我将所得到的数据填写在了表格中，如表7—7所示。

表7—7中最需要关注的地方就是EUR/JPY的市场周期波浪模式，在实盘操作中，我发现EUR/JPY的大周期波浪模式皆为3浪模式，也就是波浪理论中的锯齿型调整模式或者平台型调整模式，并且大多数为锯齿型调整模式。同时实践证明在该3浪调整模式中严格遵守这两种调整模式的内部变换结构，即锯齿型调整模式的5—3—5结构以及平台型调整模式的3—3—5结构。

当我们把另外三张表格都准备好之后，就可以开始宏微观操盘之旅了。

表7－7 外汇 EUR/JPY 市场整体情况研究表

序号	研究项目		数据或结果	备注
1	市场波幅统计	2008年平均每日波幅	225点	通过波幅统计，可以提供一个日内波动范围，周内波动范围以及月内波动范围，从而从波动幅度上给予量化与参考
		2009年平均每日波幅	198点	
		2010年平均每日波幅	146点	
		3年平均每日波幅	190点	
		2008年平均每周波幅	559点	
		2009年平均每周波幅	475点	
		2010年平均每周波幅	347点	
		3年平均每周波幅	460点	
		2008年平均每月波幅	1193点	
		2009年平均每月波幅	991点	
		2010年平均每月波幅	714点	
		3年平均每月波幅	966点	
2	市场流动性或市场连续性评估	观察该市场哪个时间周期流动性最好	15分钟	通过市场流动性或者市场连续性评估，为选择看盘周期提供依据
3	市场规模大小	2008年平均每日成交量	——	由于波浪理论并不适合规模较小的市场，因此市场规模大小的统计为该市场是否能够运用波浪理论提供了依据
		2009年平均每日成交量	——	
		2010年平均每日成交量	——	
		3年平均每日成交量	——	
		2008年平均每周成交量	——	
		2009年平均每周成交量	——	
		2010年平均每周成交量	——	
		3年平均每周成交量	——	
		2008年平均每月成交量	——	
		2009年平均每月成交量	——	
		2010年平均每月成交量	——	
		3年平均每月成交量	——	

续表

序号	研究项目		数据或结果	备注
4	市场规整波动强度	15分钟周期	√	市场规整波动强度体现了市场有效波动概率，通过此栏目的评估可以得出一般在哪个时间周期数浪最为合适，同时也为看盘周期的选择提供依据
		30分钟周期		
		1小时周期		
		4小时周期		
		1天周期		
		1周周期		
		1月周期		
5	市场周期波浪模式	大周期为3浪周期循环模式		市场周期波浪模式为运用波浪理论提供参考

首先，我们来关注一下外汇市场的基本面信息。受到欧洲债务危机的影响，欧元从2011年4月份开始一直处于弱势状态，EUR/JPY不断创出历史新低，虽然受到日本政府单方面抛售日元干预汇市，以及日本政府扬言在后续将有可能继续干预汇市的影响，出现了日元短时间内走弱，从而拉升欧元上涨的态势。但是，这仅仅是短期行为，EUR/JPY的长期跌势并没有改变，个人预计，在欧债危机没有得到根本有效的解决之前，欧元将继续保持疲弱，则EUR/JPY将继续保持下降趋势不变。

接下来，我先从宏观技术面的角度对EUR/JPY市场进行详细评估，我们开始吧！

图7—12是根据波浪理论标注的EUR/JPY市场的波浪图表，我们发现，该市场严格遵循3浪循环运动模式。跟踪到现在的时间区间，我们发现新一轮的3浪价格运动模式已经展开。让我们继续跟踪看价格现在处于该3浪运动模式中的哪一个阶段。

如图7—13所示，可以确认现在EUR/JPY价格3浪模

第七章
宏微观操盘法

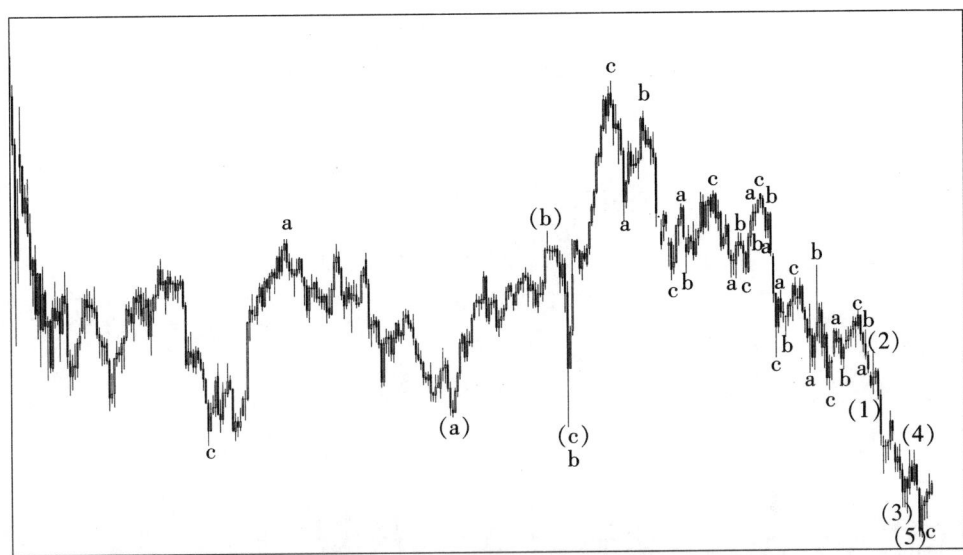

图 7—12　EUR/JPY 市场走势图

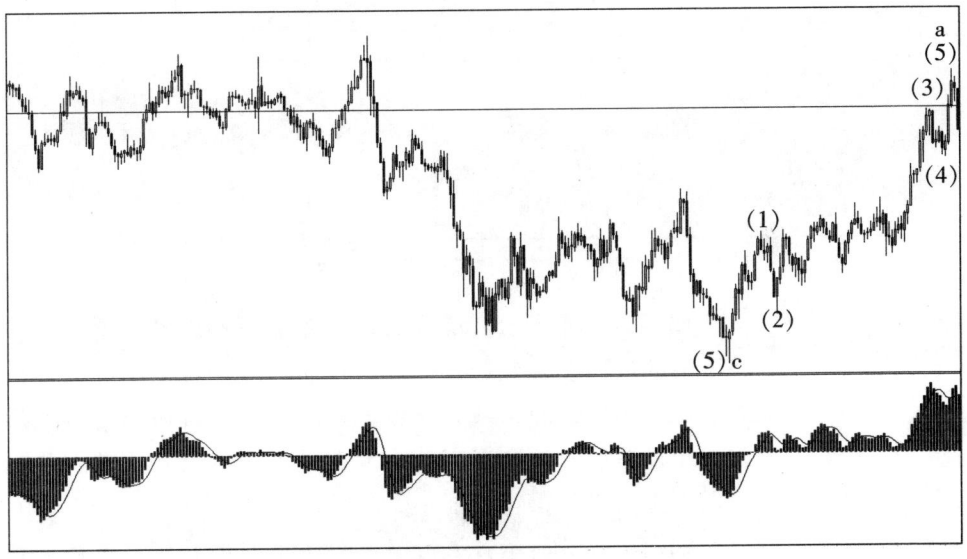

图 7—13　EUR/JPY 第 2 阶段的回调走势

式的第一阶段已经结束，价格展开第 2 阶段的回调走势。但是我并没有在此刻选择入场做空，原因是虽然宏观上研判价格要展开回调，但是并没有得到微观工具的确认。

通过上面的宏观基本面与技术面的分析,以及微观技术面的研判,知道了 EUR/JPY 市场现在所处历史周期中的位置以及它的结构变换模式,从而得出 EUR/JPY 市场正好处于本轮的 3 浪上升趋势之中。

以上分析是从整体框架上去把握。现在,我们要进入操盘的其他环节来看看具体的操盘过程。

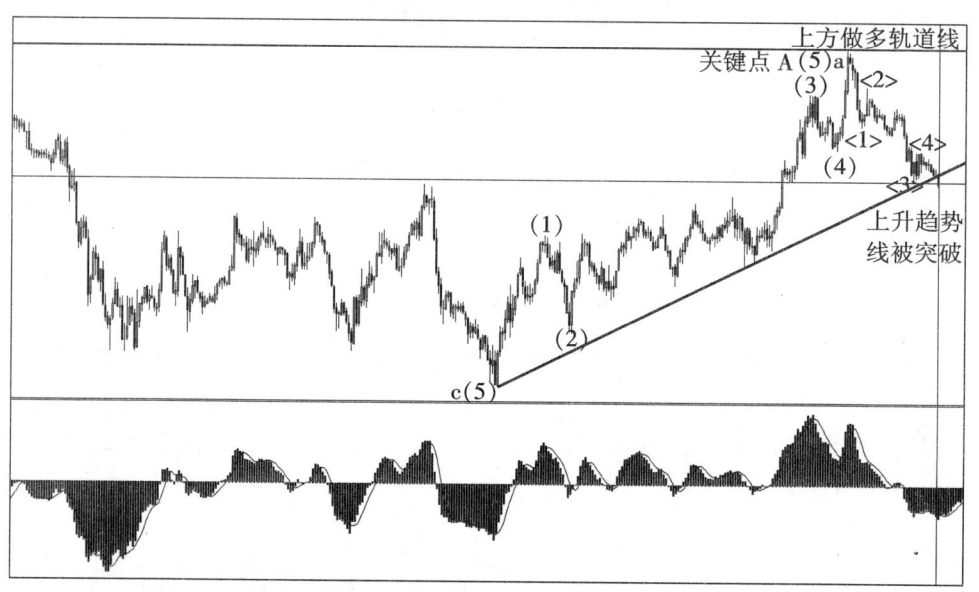

图 7-14 价格跌破长期上升趋势线

如图 7-14 所示,从价格走势图上我们看到,价格跌破了 a 浪的长期上升趋势线,此刻我们可以经过图中的关键点 A 绘制上方做多轨道线,然后,静静的等待价格出现有效反弹。也就是说,原则上当价格没有进行有效反弹之前,我们可以不考虑任何操作,唯一要做的就是耐心等待。

如图 7-15 所示,从价格走势图上我们看到,价格正在展开反弹走势。现在虽然不清楚价格能否进入有效反弹区,但是,我们从上图中很清楚的看到,当 a 浪结束之后,展开的回调是一个 5 浪结构。因此,现在的反弹走势必然是一个 3 浪结构,而且根据波浪理论可以预测本次反弹的幅度很可

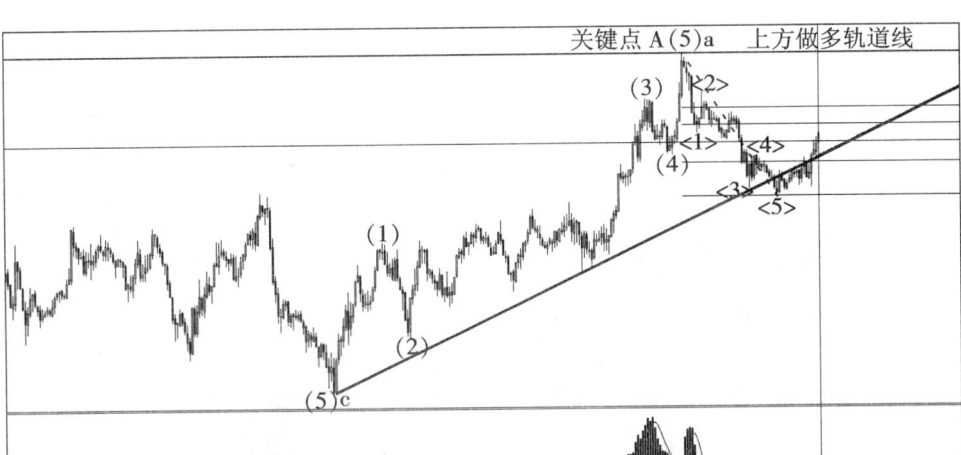

图 7-15 a 浪后的反弹走势

能接近该回调走势幅度的 0.382 或者 0.618 处。同时,我们还可以明确,待该反弹结束之后,接下来展开的价格走势必然也是一个 5 浪结构。因为在 3 浪调整模式中,只有锯齿形的第一浪的微观结构为 5 浪结构。

如图 7-16 所示,从价格走势图上我们发现,价格进入有效反弹区。此刻我们才可以通过图中所示的关键点 B 绘制下方做空轨道线。现在,由上方做多轨道线与下方做空轨道线构造的价格舞台已经搭建成功,等待价格的下步走势。

如图 7-17 所示,从价格走势图上我发现价格在反弹到先前回调走势幅度的 0.618 附近时出现了回调(正好符合了前面的分析结果),而且价格向下有效突破了该反弹走势的上升趋势线。当前面通过宏观技术工具研判本轮上升 3 浪的第一阶段结束时我没有选择入场,那是因为微观技术工具并没有发出确认信号。现在既然宏观与微观工具都发出了同一方向的操作建议,那我们可以考虑入场了。在入场操作之前,我们首先必须计算一下可能的止损与止盈比例。

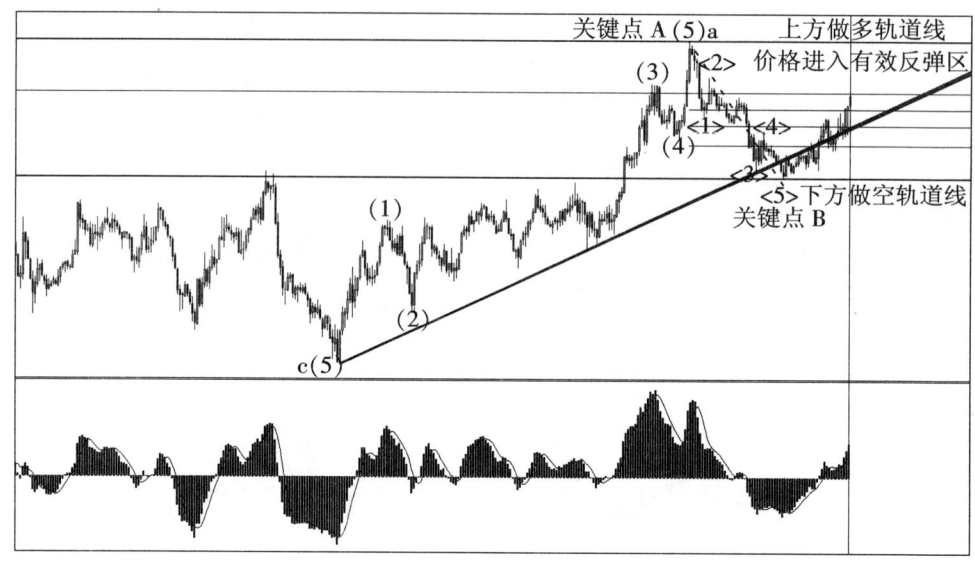

图 7-16 价格进入有效反弹区

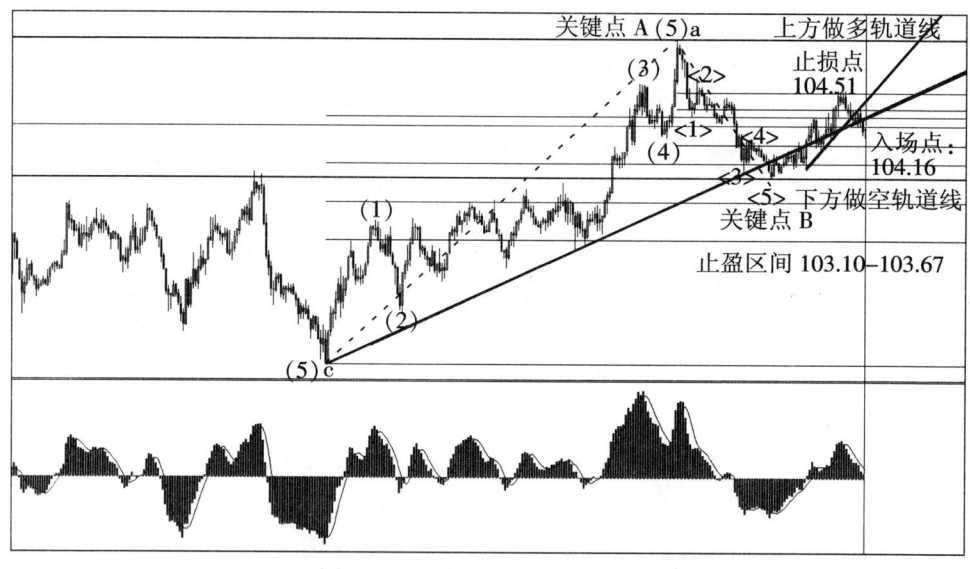

图 7-17 跌破趋势线下轨做空

入场点位：104.16，止损点位：104.51，根据波浪理论研判，其下跌整体幅度为浪 a 的 0.618 处，同时结合微观操作工具，价格向下必然首先去考验关键点 B，因此第一止盈点就在关键点 B 处。现在我们得到的是一个止盈区间 103.10～103.67，一般我会求出它们的平均值，所以我们得到止盈点为 103.38。

现在要做一个小小的计算：止损区间：104.51－104.16＝0.35

止盈区间：104.16－103.38＝0.78

止损/止盈＝0.35/0.78＝0.44＞1/3，因此，我选择放弃这次交易。虽然我放弃了这次交易，但是我依然会跟踪价格走势，看是否符合我的预判。

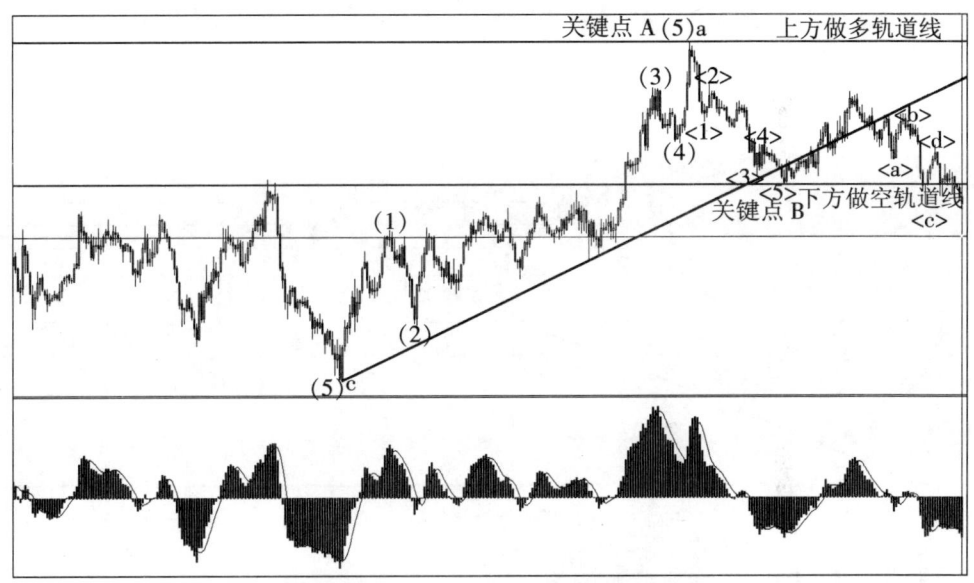

图 7－18　价格有效跌破下方做空轨道线

如图 7－18 所示，从价格走势图上我们看到价格有效跌破了下方做空轨道线，根据维克多的 1－2－3 法则，此刻可以确认前期上升趋势的改变。那么原则认为现在入场做空，把握性最大，然而现在入场，价格能够走多远，维克多的1－2－3 法则并不能预先知道。这一点正是 1－2－3 法则的不足之处，也是我为什么将 1－2－3 法则作为我的微观操作工具，而同时将波浪理论作为我的宏观操作工具的根本原因。因为单独运用 1－2－3 法则确实能够很好的判断趋势的改变，然而它却不能预知改变后的趋势能够走多远,以及改变后的趋势要走多长时间才会结束。为了综合解决上述问题,我们必须紧密结合宏观操盘工具与微观操盘工具。做到宏观与微观的统一,才能够很好的把握市场的趋势,对市场进行更为全面的研判。

再次回到上面的价格走势图上,先用波浪理论对波浪进行标注,当价格有效跌破下方做空轨道线时,价格实际上是处于三浪锯齿型调整的(c)浪的5浪结构的第<5>浪中,也就是说价格即将结束,因此现在入市,盈利空间就相当狭小。

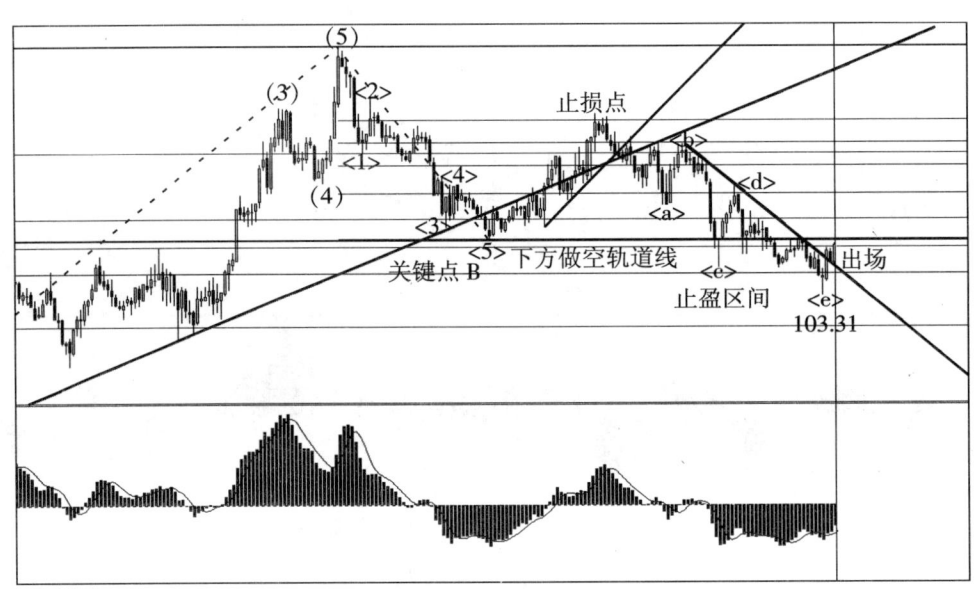

图7—19 下跌5浪结构完成空单出场

如图7—19所示,从价格走势图上我们发现价格有效穿越了本次下降趋势的趋势跟踪线,同时,结合波浪理论我们发现本次下降趋势的5浪结构也已经确认结束。因此现在是前期做空者出场的时刻。

本次操作虽然没有执行,但是也可以用宏微观操盘法操盘表进行跟踪,表格的填写样式如表7—8所示。

第七章 宏微观操盘法

表 7-8 宏观微观操盘法操盘表

基本信息	姓名	吴生桦	市场	外汇保证金￥	种类	EUR/JPY	日期	2011年9月28日
	趋势类型	下降趋势	趋势方向	向下	指导思想	顺势而为	√ 低买高卖	
宏观分析	浪级	b浪的(c)浪	预期点	103.38	模式	上涨5浪结构		
微观分析	是否触碰趋势跟踪趋势线并顺势而行？							
	是否突破趋势跟踪趋势线？	2011年9月28日 5:15 价格跌破了a浪的上升趋势线						
	是否进行了有效反弹或有效回撤？	2011年9月28日 10:15 价格进入了有效反弹区						
	是否对关键点A或关键点B展开测试？	2011年9月28日 13:00 价格试探关键点A失败，且发出反转信号						
	是否有效突破上方做多轨道线或下方做空轨道线？							
	是否接近轨道线而反转且MACD发出买卖信号？	MACD指标发出做空信号						
入场信息	买卖类型	卖货(做空)	入场点	104.16	止损点	104.51	止盈点	103.38	损/盈(<1/3)	0.44>1/3
结果反馈	由于止损/止盈达不到原则要求，因此，放弃本次交易。							

接下来，让我们继续跟踪市场价格的变动，看看有没有新的做单机会。

如图 7-20 所示，从上面的价格走势图上我们看到当价格穿越（c）浪的趋势跟踪趋势线之后，价格向上有效突破下方做空轨道线，从而发出做多信号。

在入场操作之前，我们首先必须计算一下可能的止损与止盈比例。入场点位 103.78，止损点位 103.65，根据波浪理论，本次上升为 EUR/JPY 市场三浪运动模式的 c 浪，且微观结构为 5 浪运动模式。而根据微观操作工具得出价格必然去试探前期 a 浪的终点即 104.95，因此我得出止盈点为 104.95。

现在要做一个小小的计算：止损区间：103.78—103.65＝0.13
止盈区间：104.95—103.78＝1.17

止损/止盈＝0.13/1.17＝0.11＜1/3

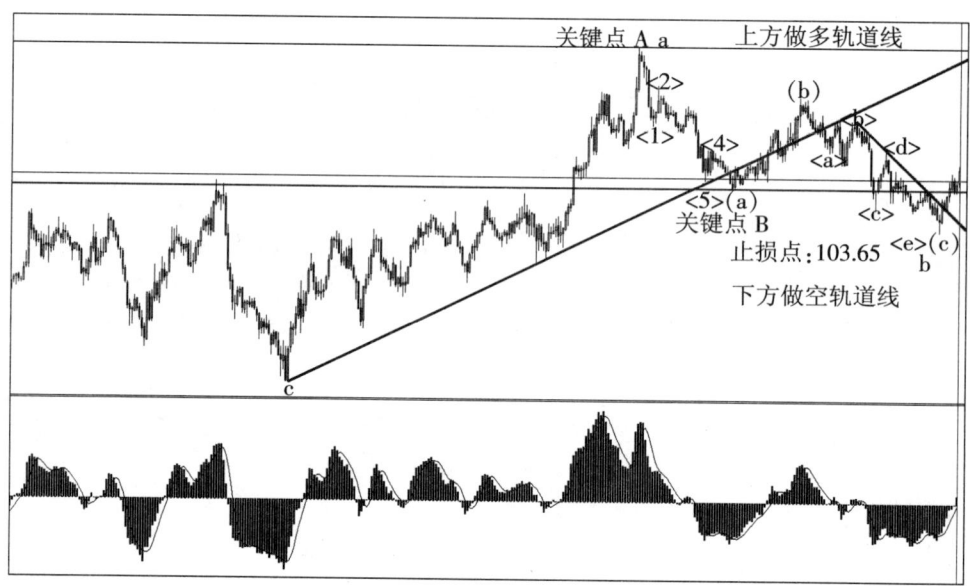

图 7—20 新一轮机会的估算

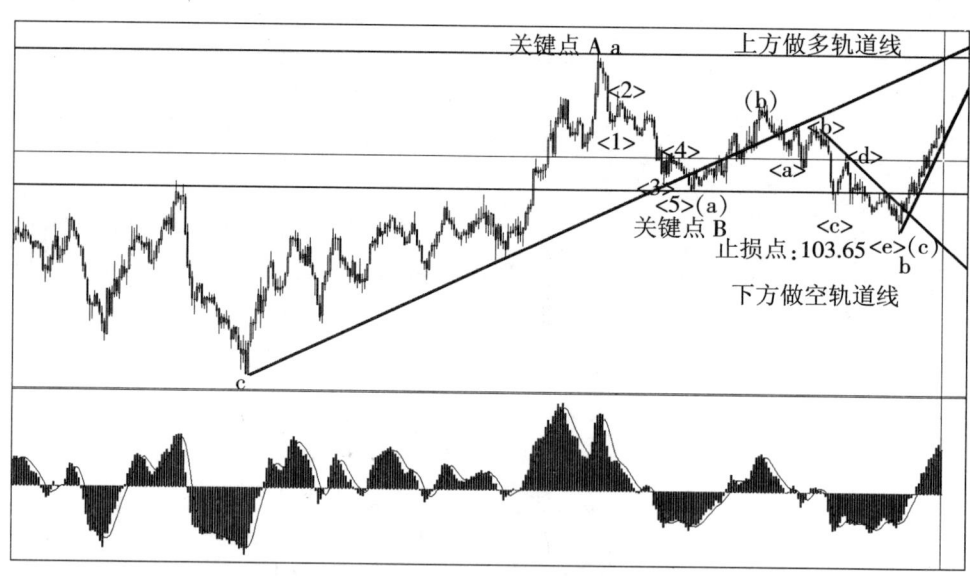

图 7—21 价格正在向上攀升

因此，可以执行本次操作。

如图 7—21 所示，从价格走势图上我们发现价格有穿越上升趋势跟踪趋势线的迹象。然而根据波浪理论研判本次上升趋势应该为 5 浪结构，而现在价格仅仅是处于第 3 浪中，因此，我决定不出场，而是选择继续关注价格变动。

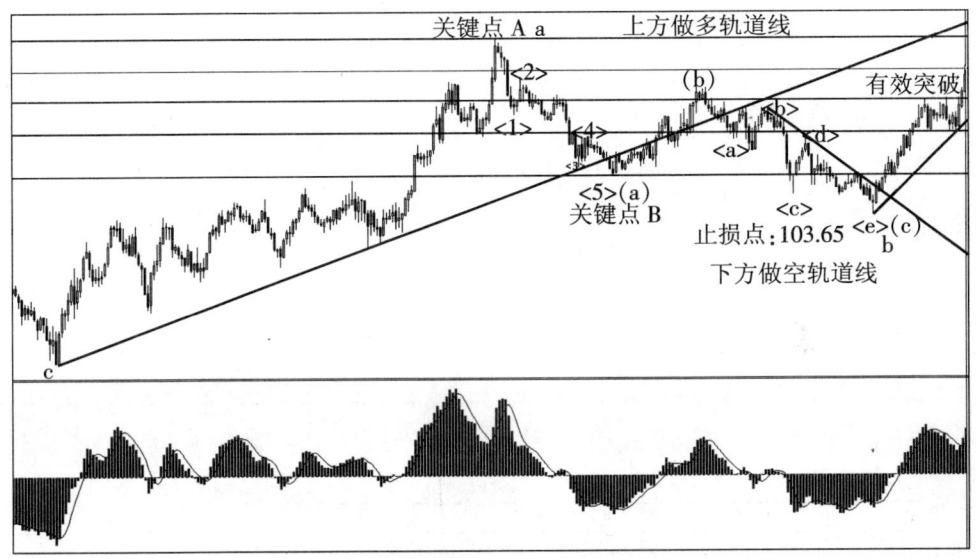

图 7—22　价格有效空破阻力线

如图 7—22 所示，从价格走势图上我们看到，价格在前期突破上升趋势的趋势跟踪趋势线之后，经过了区间盘整并有效突破了区间上方做多轨道线，说明趋势继续保持良好。因此，我们必须绘制新的趋势线。

如图 7—23 所示，从价格再一次出现穿越上升趋势的趋势跟踪趋势线的迹象，这时大家可以利用与上面同样地操作方法进行处理，此处不再赘述。

如图 7—24 所示，从价格走势图上发现价格有效穿越了本次小级别的区间上方做多轨道线。如果单独根据微观操作工具，此处完全可以进行做多操作，然而结合波浪理论，我们发现价格已经进入本轮上升 5 浪的第<5>浪中，因此，在此处不建议加仓或者进行做多操作。

如图 7—25 所示，从上面的价格走势图上我们发现价

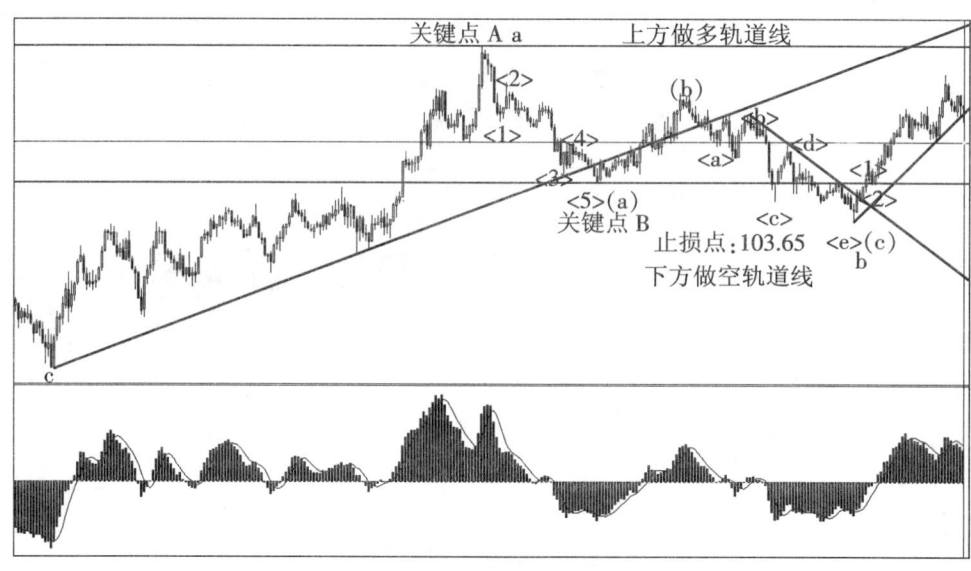

图 7—23　价格回调获得支撑

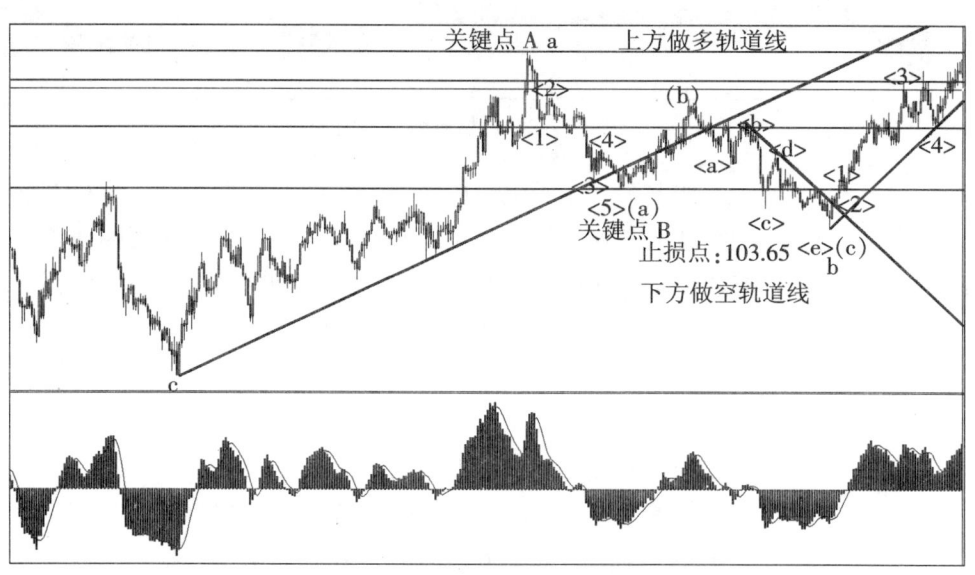

图 7—24　价格向上穿越做多轨道

格不仅仅接近我们预先判断的止盈点,同时价格有效跌破了本次上升趋势的短期趋势跟踪线,因此,此刻应该果断出场。

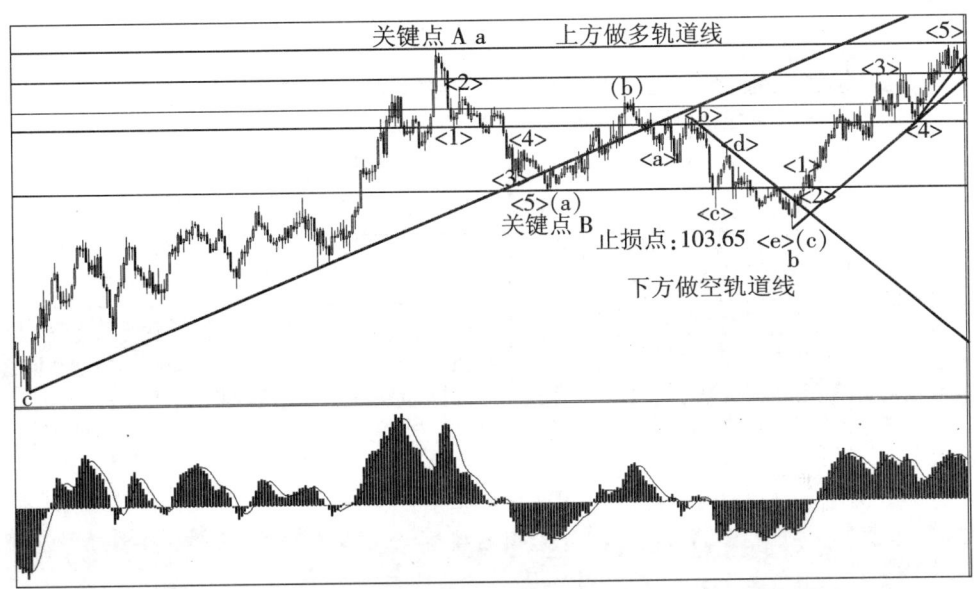

图 7-25 价格接近止盈点

表 7-9 是我对于 EUR/JPY 市场操盘时的宏微观操盘法操盘表的填写样式,希望能够给予大家些许帮助。

最后我要将我的宏微观操盘方法运用到中国股票市场中去,为大家提供一套实用的炒股方法与稳定的盈利策略。在开始运用宏微观操作方法对中国股票市场进行分析之前,我们首先必须明确以下几点:

(1) 我的宏观操作工具并不适用于中国个股市场走势,而仅仅适用于对大盘的分析;我的微观操作工具不仅适用于中国个股市场,也适用于对大盘的分析。

(2) 经过多年的运用我发现,中国的股票市场是一个不成熟的市场,同时无论是规模还是监管力度以及流动性都无法与国际上知名的股票市场如美国的纽约证券交易所、德国的法兰克福股票交易所,甚至香港的联交所相比。在这样一个市场中,想要采用巴菲特所谓的价值投资是行不通的。因为在这样一个不成熟的市场中很多公司都没有履行信托责任,而没有信托责任可言的市场,又哪来的价值可言呢?

表 7-9　宏观操盘法操盘表

基本信息	姓名	景生梓	市场	外汇保证金	种类	EUR/JPY	日期	2011年9月29日
宏观分析	趋势类型	上升趋势	趋势方向	向上	指导思想	顺势而为	✓	低买高卖
	浪级	C浪	预期点	104.95	模式	5浪驱动浪		
微观分析	是否触碰趋势跟踪趋势线并顺势而行？							
	是否突破趋势跟踪趋势线？							
	是否进行了有效反弹或有效回撤？							
	是否对关键点A或关键点B展开测试？	2011年9月29日 1:30 价格展开了对关键点B的测试						
	是否有效突破上方做多轨道线或下方做空轨道线？	2011年9月29日 2:30 价格反向有效穿越了下方做空轨道线						
	是否接近轨道线而反转且MACD发出买卖信号？	2011年9月29日 2:30 MACD发出做空信号						
入场信息	买卖类型	卖出(做空)	入场点	103.78	止损点	103.65	止盈点	104.95	损/盈(≤1/3)	0.11<1/3
结果反馈	本次操作非常成功，不仅盈得了90点的利润，更重要的是坚持了自己的操盘原则，同时，在操盘过程中出现了两次趋势跟踪趋势线被突破的情况，但是都严格按照操盘原则执行，并没有为了贪婪为主而违反规则操作入市。这一点是以后在操盘过程中应该继续保持的好习惯。							

（3）中国的股民朋友很可能都清楚，当大盘上升趋势确认，大盘处于上升通道中时，无论这些上市公司实质是处于盈利还是亏损，只要表面上看还过得去，有90％以上的股票都处于上升趋势之中。即使出现短暂回调，只要大盘上升趋势没有改变，那么大多数个股都能很快赶上来。反之，如果大盘一旦扭转升势，并确认了下降趋势的开始，大多数这些公司的股票也会跟随大盘一起出现下跌走势。

针对以上三点，我制定出了如下操作策略：

（1）将大盘作为中国股票市场宏观技术指标，只有大盘的上升趋势被确认后我才会考虑入市，反之，我断然不会入市。

（2）由于宏观操盘工具与微观操盘工具都适用于对大盘的分析，因此，可以将它们运用在对大盘的分析上。而个股走势我们只能用微观操盘工具进行研判，也就是说直接将微观操盘工具作为选股工具。

（3）即使确认了大盘的上升趋势成立，在选择股票时要尽可能的选择蓝筹股。

三、中国股市实战分析

下面我就开始用我的宏微观操盘法对中国的股票市场进行操作，首先根据我的宏微观操盘法的操盘要求，我们要准备并填写四张表格。第一张表格就是市场整体情况研究表，通过历史数据的统计分析，以及对市场的综合评估，我将所得到的数据填写在了表格中，如表7－10所示。

表7－10 A股市场整体情况研究表

序号	研究项目		数据或结果	备注
1	市场波幅统计	2008年平均每日波幅	15537点	通过波幅统计，可以提供一个日内波动范围，周内波动范围以及月内波动范围，从而从波动幅度上给予量化与参考
		2009年平均每日波幅	6455点	
		2010年平均每日波幅	6685点	
		3年平均每日波幅	9559点	
		2008年平均每周波幅	26103点	
		2009年平均每周波幅	22859点	
		2010年平均每周波幅	17283点	
		3年平均每周波幅	21744点	
		2008年平均每月波幅	68692点	
		2009年平均每月波幅	44265点	
		2010年平均每月波幅	33116点	
		3年平均每月波幅	48691点	
2	市场流动性或市场连续性评估	观察该市场哪个时间周期流动性最好	日周期	通过市场流动性或者市场连续性评估，为选择看盘周期提供依据

续表

序号	研究项目		数据或结果	备注
3	市场规模大小	2008年平均每日成交额	432.92亿	由于波浪理论并不适合规模较小的市场，因此市场规模大小的统计为该市场是否能够运用波浪理论提供了依据
		2009年平均每日成交额	823.84亿	
		2010年平均每日成交额	897.16亿	
		3年平均每日成交额	717.97亿	
		2008年平均每周成交额	2212.60亿	
		2009年平均每周成交额	4857.30亿	
		2010年平均每周成交额	3630.81亿	
		3年平均每周成交额	2376.90亿	
		2008年平均每月成交额	11436.38亿	
		2009年平均每月成交额	22571.13亿	
		2010年平均每月成交额	17872.15亿	
		3年平均每月成交额	17293.22亿	
4	市场规整波动强度	15分钟周期		市场规整波动强度体现了市场有效波动概率，通过此栏目的评估可以得出一般在哪个时间周期数浪最为合适，同时也为看盘周期的选择提供依据
		30分钟周期		
		1小时周期		
		4小时周期	√	
		1天周期	√	
		1周周期		
		1月周期		
5	市场周期波浪模式	经典的艾略特波浪理论的5浪驱动3浪或5浪调整的波动模式		市场周期波浪模式为运用波浪理论提供参考。

首先我们来关注一下中国股票市场的基本面信息。自从2008年爆发美国次贷危机之后，紧接着又是欧洲债务危机，在这样一个大环境里，中国作为新兴市场国家刚刚崛起就要

经历如此的磨难,其打击无疑是沉重和惨痛的。

2010年日本的名义GDP为54742亿美元,比中国少4044亿美元,中国GDP超过日本正式成为世界第二大经济体,这对不少渴望大国崛起,民族复兴的国人来说,自是盛事一桩。然而根据商务部新闻发言人姚坚表示,中国的人均GDP为3800美元,"在全球排在105位左右"。

事实上,除了人均指标在世界排名靠后,中国在医疗、教育以及环境等较多领域仍比较落后。以医疗为例,根据世界卫生组织对成员国卫生筹资与分配公平等综合性评估排名,中国位居第188位,在191个成员国中排倒数第4位。国家统计局发布2011年上半年中国GDP总共204459亿元,增长9.6%。如图7-26所示,中国的CPI与PPI指数在进入2009年8月份以来一直保持迅速拉升的势头。

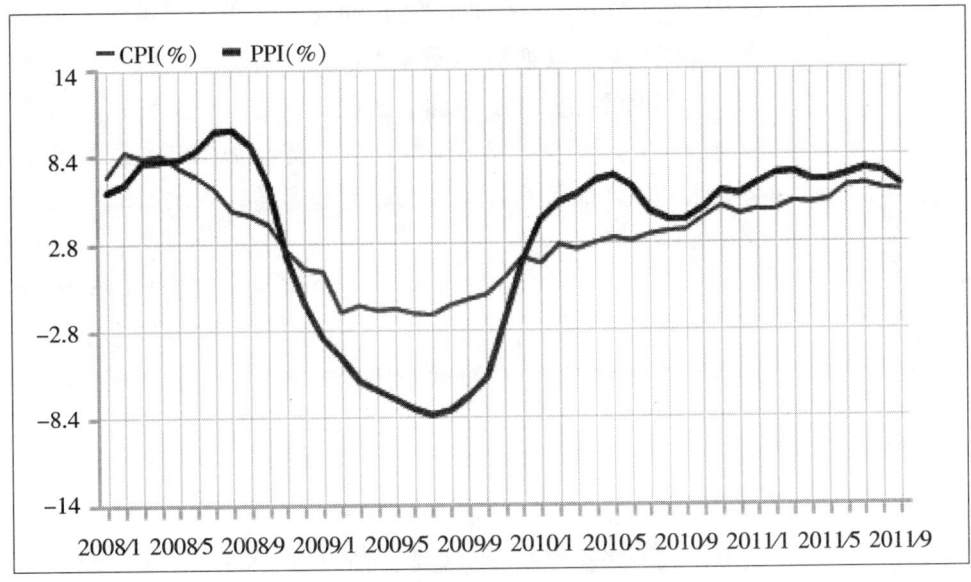

图7-26 中国CPI与PPI数据统计

对于这样一个经济大国,一方面是GDP增长出现停滞或者放缓迹象,而CPI与PPI指数却不断高企,显示出中国经济的发展出现了衰退的迹象。

结合中国股市大盘历史走势，我发现上一轮中国股市的下跌出现在2001~2005年的时间区间，而从2007年10月份股市大盘在高位跳水以来，中国股市到目前为止依然处于整体下跌的趋势之中，而且已经持续了有将近4年的时间。因此，虽然从基本面整体来看中国股市似乎现在处于且将继续处于疲弱状态，然而，我相信中国股市的春天已为时不远，现在正是黎明前最黑暗的时刻，就让我们拭目以待吧。

接下来，我先从宏观技术面的角度对中国股票市场的大盘走势进行详细评估。

要对大盘整体走势进行评估，就必须找一个能够反映A股市场整体走势的指数，那当然就是我们所熟知的沪深300指数，然而沪深300指数是沪深证券交易所于2005年4月8日才联合发布的指数。而中国的股票市场其实在1989年就开始试点，从1994年末到1995年初就基本步入了正常发展轨道，那么如果直接研究沪深300指数，对于中国股票市场整体历史周期的把握并不全面。因此，我对上证综指也进行了相应的研究，发现不仅上证综指的走势与沪深300指数的走势如出一辙，而且其各关键浪型的起点与终点的时间也几乎完全相同。

此处，我不用深证综指来弥补沪深300指数对研究大盘历史周期的不足，而是直接采用上证综指，因为经过比较我发现上证综指能更好的反映中国股票市场的发展状况。结合图7—27和图7—28所示的两张波浪图表来具体分析一下中国股票市场的发展状况。

中国的股票市场是从1989年开始作为试点，本着试得好就上、试不好就停的理念建立。所以在1995年之前的股市运作中，最大的利空通常是中国股市试点要停、股市要关门这类消息。之后受"3·27国债期货事件"影响，中国期货市场于1995年进行全面的整顿清理，中国股市成为扶持的对象，这样股市才由此迎来了真正的利好，转而进入了大发展

图 7—30　通过关键点 A 绘制下方做空轨道线

如图 7—30 所示，从大盘走势图上我们看到，大盘的下降趋势线被突破。此刻我们可以通过关键点 A 来绘制下方做空轨道线。然后耐心等待大盘指数的变动，看它能否进入有效回撤区。

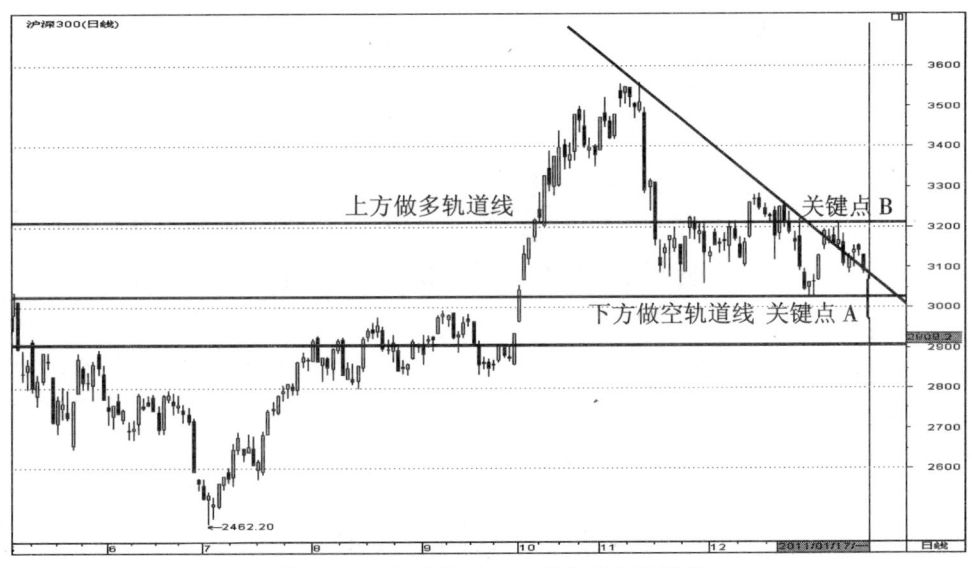

图 7—31　指数将要突破下方做空轨道线

从图7－31的大盘走势图中我们看到，直到2011年1月17日，大盘指数不仅进入了有效回撤区，而且还有突破下方做空轨道线的迹象。此刻，我们可以通过关键点B来绘制上方做多轨道线。

图7－32　指数反转向上有效突破下方做空轨道线

从图7－32中我们看到，直到2011年1月31日，大盘指数试探下方做空轨道线失败，而且指数反转且有效向上突破下方做空轨道线。则大盘短期上升趋势得到有效确认。大盘指数在接下来的走势中必然有去试探上方做多轨道线的倾向。此刻正是我们进入股市选择可以介入的股票的最佳时刻。

前面说过，在进入股票市场选择可以介入的股票时务必要选择公司经营状况良好的蓝筹股。于是，我在蓝筹股中随意挑选了一只中兴通讯，股票代码为：000063。下面我将对该股进行跟踪分析。

从图7－33中兴通讯股价走势图中我们看到，2011年1月31日根据我的微观操盘工具研判，该股票的价格确实有试探下方做空轨道线失败的迹象。然而，当天股价并没有发出

图 7－33　中兴通讯股价走势图

有效向上突破下方做空轨道线的信号。因此，我们需要继续等待。

从上面中兴通讯的价格走势图 7－34 中我们看到，2011 年 2 月 9 日有一根确定性的阳 K 线完全站在下方做空轨道线之上。当天，可以确认股价向上有效突破下方做空轨道线。则该股票的短期上升趋势得到确认，我们可以选择在次日入场买入该股票。

在不断关注所持有股票的行情走势的同时，还要时刻注意大盘指数的动向。

从图 7－35 中我们看到，在 2011 年 3 月 4 日，大盘指数有效向上突破上方做多轨道线，表明大盘的中期上升趋势得到确认。那么只要我们所持有的股票没有发出任何可以卖出的危险信号，原则上可以继续持有。

从图 7－36 中兴通讯的股价走势图我们看到，股票价格按照我们预判的方向前进，并在 2011 年 3 月 14 日有效突破上方做多轨道线。表明我们可以继续持有该股。

图 7—34　股价向上有效突破下方做空轨道线

图 7—35　大盘指数有效向上突破上方做多轨道线

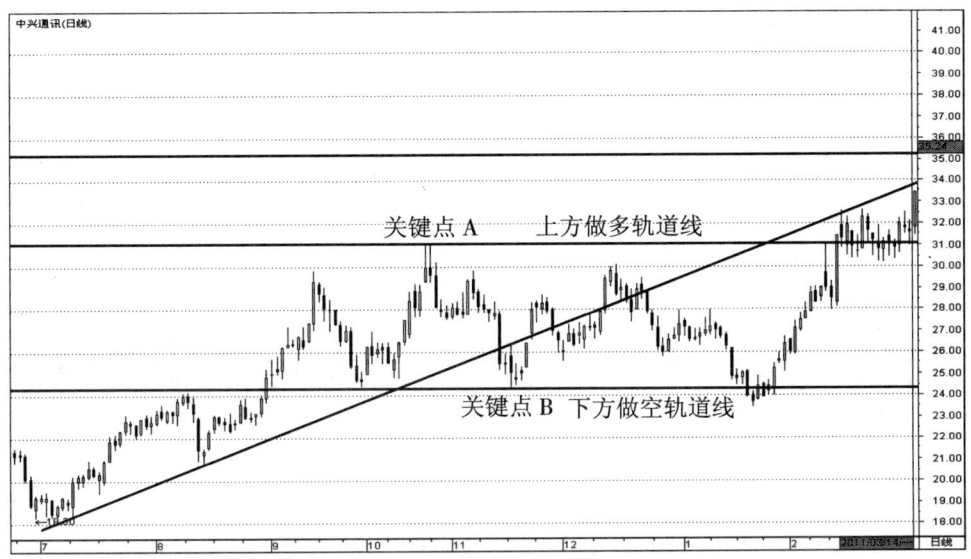

图 7—36 股价突破上方做多轨道线

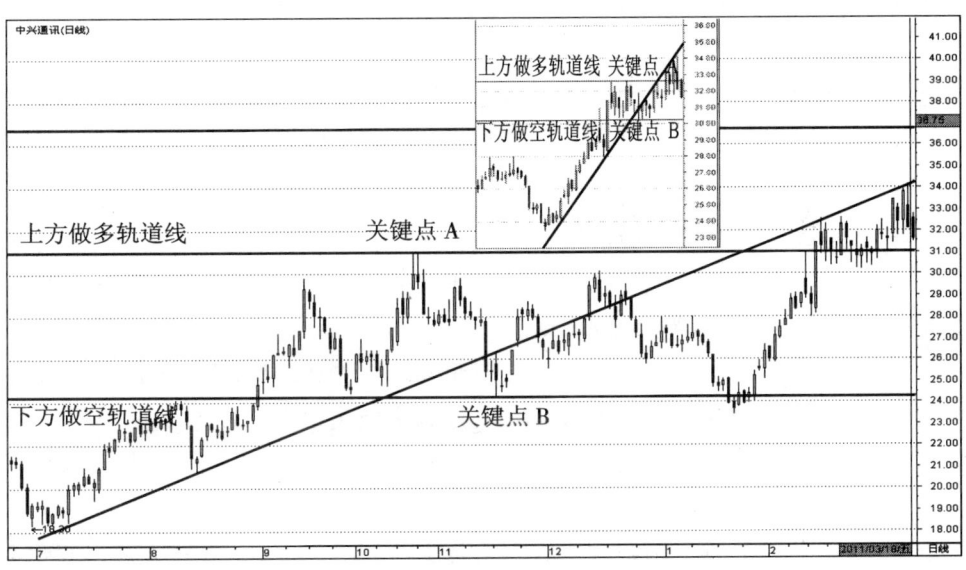

图 7—37 股价试探上方做多轨道线失败

从图 7—37 中兴通讯的股价走势图中我们看到,在 2011 年 3 月 18 日,股价在试探图中所示的上方做多轨道线时有试探失败的迹象,但是此刻股票大盘并没有发出任何上升趋势将要改变的危险信号。因此为了安全起见,我们完全可以在此刻选择出场观望,待股价再次发出买入信号时再选择入场也为时不晚。

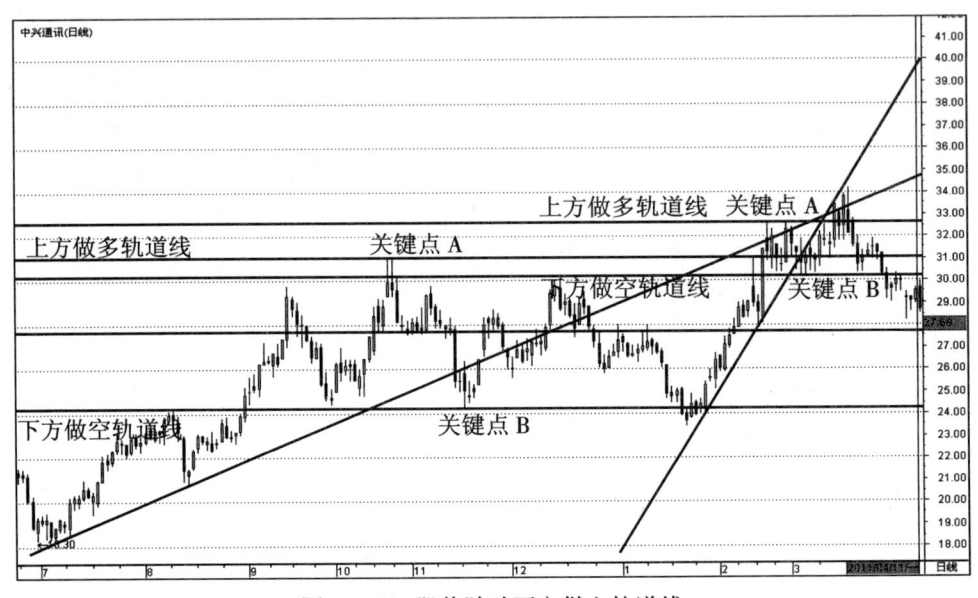

图 7—38　股价跌破下方做空轨道线

出场之后我们继续跟踪该股票的价格走势,发现从我们出场之后股价就一直处于下降趋势中,而且在 4 月 11 日股价有效跌破了图 7—38 中所示的下方做空轨道线,该股的中期下降趋势得到确认。

从图 7—39 中我们看到,在 2011 年 4 月 19 日,大盘指数在试探图中所示的上方做多轨道线后,发出试探失败的信号,表明股票大盘短期上升趋势的结束。不仅如此,根据波浪理论,大盘本次上升行情仅仅为比它大一级别的下降 E 浪的 b 浪回调走势。无论是上升幅度还是内部结构都可以确认其上升趋势的结束。接下来,按照波浪理论研判,大盘必然展开一个 5 浪的下跌走势。因此,如果现在还有未出手的股票,请立即卖出,落袋为安。

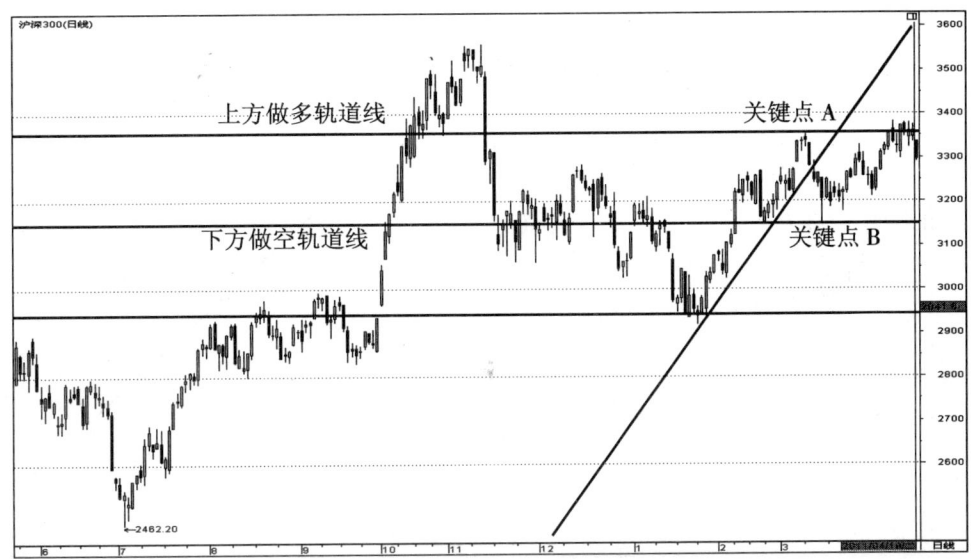

图7-39 大盘指数试探上方做多轨道线失败

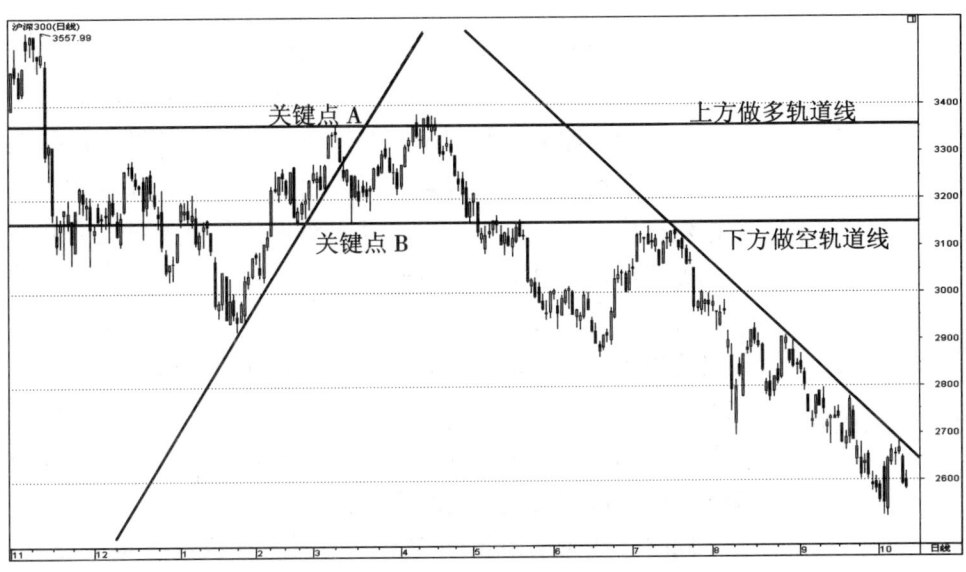

图7-40 大盘指数反弹后继续下跌

接下来正如我们所看到的那样,直到现在无论是股票大盘指数走势还是中兴通讯的股价走势,都处于下跌趋势之中,而且依然没有发出任何趋势反转的信号。如图7-40和图7-41所示。

图 7—41　中兴通讯的下跌走势

从上面的分析中我们发现，必须等待大盘的上升趋势得到确认之后，我们才可以入场选择合适的股票买入。同时在买入股票后，即使我们发现股票大盘的上升趋势继续保持良好，但是我们所介入的股票已经发出卖出信号，此刻就可以考虑先出场观望，待股价再次发出买入信号且大盘上升趋势依然保持良好时再次买入该股票。

其实，股票市场相对保证金市场可以说没有风险，或者说风险很小。原因是只要公司不倒闭，你不急着用钱而强行割肉出场，那么长期来看，只要国家经济以及股票大盘回暖，你所持有的股票终有解套的一天。当然，这是为那些不懂得操作规则且最近已经被套的股民提供的一套策略。

同时，在股票市场中交易，个人不建议进行短线交易。因为只要大盘的上升趋势被确认，它不可能在短短数天内结束，除非你所确认的上升趋势错误，或仅仅为非常短期的反弹走势。因此，在看盘周期的选择上，股票市场就直接用日线周期看盘，除非是对入场或出场时机的选择时，可以考虑用30分钟或者更小的时间周期。虽然说国内股票市场还并不成熟，但是，随着我国金融改革步伐的不断前进，我相信总有一天，中国一定会有非常完善的金融体系与秩序良好的金融市场，而现在就是我们为此做好准备的时刻。

　　本章详细讲解了宏微观操盘法的具体运用方法，真心地希望能够为大家带来一些帮助，使大家在今后的操盘过程中多一项有力的武器。我认为实用的金融市场操作方法都是实践性的科学，因此，只有在实践中不断运用，才能够不断熟练甚至有所创新。宏微观操盘法不仅想为大家提供一套实用的方法，更重要地是想为大家构建一套思维体系，能够让大家全方位地思考并对市场进行一致性的研判。因为只有这样我们才能达到一致性稳定盈利的目的。

第八章
真正的成功

相信每一位有志之士无论他（她）一生所追求的是什么，但最终目的都是想获得成功或者说改变自己的命运。究竟怎样才能改变自己的命运从而获得成功，以及什么才是真正的成功？这个话题从古到今讨论了很久，但到现在还没有一个明确的定论。

我国古代命相学上有句话说：一命、二运、三风水、四积德、五读书。将命与运排在了最前位，然而对于怎样改变命运从而获得成功并没有进行具体的说明。而今许多成功学专家对如何成功从各个方面进行了研究。有些说读书可以改变命运，有些说知识可以改变命运，或者说要想成功就必须从养成好习惯开始，以及心态决定命运等等。论述繁多，评论不休。

然而究竟具体怎么做呢？以及这些所谓的能够改变命运的因素其内部又有什么联系呢？他们从未做过评述或探究。为此，我对这方面做了更为深入地研究。最终发现了图8-1所示的关系图表。

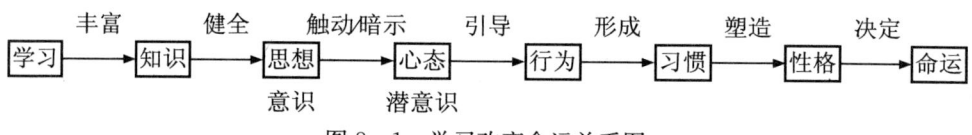

图8-1　学习改变命运关系图

以上关系图说明，如果你要改变自己的命运，就必须首先通过学习来丰富自己的相关知识，通过知识的积累可以不断健全和完善自己的思想意识。而有了健全与完善的思想意识就能够触动或者暗示你的潜意识，当一个人的潜意识被有效地调动起来之后，它就会在我们的思想体系中建立起一套行为标准来指导我们的行为，从而决定我们为人处事的方式。

第八章 真正的成功

而这种行为或者为人处世的方式日积月累就会形成个人所具有的习惯，而正是这一个个的习惯才塑造了我们每个人所特有的个性或性格魅力，也正是这一性格魅力最终决定了我们个人的命运。

因此，如果你要想改变自己的命运，就必须从相关知识的学习开始。当然，这种关系也可以反推回去，要想改变自己的命运，你得看看你有没有促进你改变自己命运的性格。而要有这种能够改变自己命运的性格就必须有良好的能够塑造自己性格的习惯，要有这种良好的习惯，就必须从改变自己的行为做起。而要想改变自己的行为就必须通过知识健全思想从而触动我们的潜意识来完成。而要想有相关的知识，必须通过踏实的学习才能获得。

当然任何事物都是具有两面性的，努力控制以上各个环节向好的方面发展才有可能最终改变自己的命运。

以上关系图中有一个关键点，那就是知识健全我们的思想意识，有些人学富五车，但却是囫囵吞枣，不知其中味。采用这样的学习方式的人，只不过是充当了记忆机器的功能。学习任何一样东西，不仅仅要知道其然，更要知道其所以然。这才是真正的知识所得。有了这样的知识所得，才有可能健全和完善我们的思想与意识体系，进而才可能产生良好的心态。

历史经验证明，一个国家的强大并不在于国库之丰足，人民之富裕，边疆之安定，而在于国民之素质。一个国家，如果国民素质水平与国家经济发展规模、速度不相匹配，到了一定程度，可能会出现阻碍国家更加强大之瓶颈，而要防止该瓶颈，必须依靠于教育。因此，一个国家教育改革的发展与创新必须先于国家经济的创新与发展，也就是我们党倡导的：精神文明建设与物质文明建设两手都要抓，两手都要硬。

但是，改革开放以来，大家一切都向钱看，过于注重了物质文明的建设，而精神文明建设却迟迟滞后，究其根本原因，是在改革开放之前，各种相关标准与制度，法律和法规都还没有建立或健全。在这样的情况下，改革开放了，国门打开了，就好像大家都在做一个没有规则的游戏一样。没有标准，则利益就为先，因为这是人类的本性，因此才产生了改革开放以来诸多的问题。那么，既然现在国门已经打开了，就是尽快制定和完善相关规则、制度的时候，而且速度必须加快，因为一个制度不健全的国家必然滋生出越来越多的腐败与弊端。一旦这种腐败与弊端，或者这种利益的魔性无法得到满足时，就会产生一系列的社会问题，这种社会问题如果长时间得不到解决，必然滋生新的问题。

而如今的金融大门依然是恍恍欲开，这就要求我们的相关部门应及早及时的建立与健全相关法律和法规、制度与标准。完善好我们的金融体系。只有这样，这扇金融之门我们才能从容地打开，去迎接各种挑战。如若不然，依照现如今世界金融、经济规模，如果有人向我们的金融市场投掷一枚"中型炸弹"，从而引起系统内部连锁反应，其结果断然不亚于一枚"原子弹"的爆炸。真心地希望永远都不会有这么一天。因此，从此刻开始，各部门都必须同心协作起来，提高效率，用最短的时间，完善好我们的金融体系。

投资朋友们，狼要来了，你们准备好了吗？我没有听到回答，显然还没有准备好，既然如此，金融之门就断然不可轻易打开。

从上面的讨论，我们看到，知识在成功或改变命运的过程中所起的作用是多么的巨大。下面，让我们来讨论本章的另一个问题：什么才是真正的成功？

对于成功，通俗地意思是指：达成预期的目标，与失败相反。现实社会判断一个人是否为成功人士，其依据普遍地是从这个人所拥有的物质财富上去考量，也有部分是从精神上去关注。至于成功究竟应该用物质还是用精神去衡量，或

第八章
真正的成功

者同时用两者去衡量，这些不是我今天要讨论的重点，我要讨论的什么才是真正的成功？我认为真正的成功需要在传统的成功概念基础上加上传承的概念。也就是说评判一个人是否成功，首先得从物质与精神两方面共同去关注，并得出他（她）成功的条件或依据，但如果他（她）百年之后没有将他（她）赖以成功的条件或依据传承下去，那他（她）就不能称之为真正的成功。这就是我所谓的真正的成功的概念。

因此，我所谓的真正的成功必须具备以下两个条件：

（1）必须取得物质或精神上有益的大家公认的基础；

（2）必须将这种基础传承给下一代。

只有满足了这两个条件才算得上是真正的成功。此处，我所指的下一代并不完全是指他（她）的直系亲属，而是指任何一个值得传承的接受体。

传承应该变成成功的一种文化，没有传承，成功将变的毫无意义。如果说仓颉没有将他发明的文字一代代传承下去，雷锋同志没有将他为人民服务的精神传承下去，那他们都算不上真正的成功。

所以说，成功有了传承才能算得上是真正的成功，才是鲜活的，是一代代发展创新的基础与精华，更是这个社会前进的源源不断的动力所在！

传承是一个国家富足、强盛的动力。纵览古今，如果没有四大发明的代代相传，世界就没有如今的文明；如果没有马克思主义的代代相传，就没有共产主义、世界大同的人类美好蓝图。传承是一个企业强大的资本，如果没有老一辈工人师傅过硬技术的代代传承，就不可能有如今现代化新机器与产品的诞生。如果没有老一辈管理者的管理理念的传承与创新，就没有我们现代化管理理念的诞生与依存。传承是一个人成功的标志，如果没有中华民族爱国热情的代代传承，就不可能有钱学森教授突破重重阻拦归国的热情以及他在中国航天史上的伟大功勋。如果没有炎黄子孙克服困难的毅力与决心的传承，邓稼先先生就不可能在那么艰苦的环境中设计出原子弹与氢弹的技术蓝图从而获得两弹之父的青史留名。

我所谓的传承并不是指简简单单地传递与承接，还包括将这种传承所发扬光大的精神。因此，每一代成功者，在选择传承对象时，应该教育他（她）们一定要具有传承并发扬光大的精神，这才是完美的传承，这才是我所谓的真正的成功。

成功是需要一个过程的。希望每一位渴望获得成功或者想要改变自己命运的有志之士都能够认真地从每一个环节着手，努力培养和完善自己的个人特质，从而最终取得成功，并且将这种成功的基础代代相传，让大家在分享成功的同时将其发扬光大，这就是我之所以写本章的目的。努力吧，我的朋友！